당신의
반려동물은
잘 먹고
있나요?

당신의 반려동물은 잘 먹고 있나요?

초판 1쇄 인쇄 | 2020년 1월 20일
초판 3쇄 발행 | 2025년 3월 14일

지은이 | 왕태미
펴낸이 | 김의준
책임편집 | 장문정
디자인 | 지선 디자인연구소
마케팅 | 조아름

펴낸곳 | 주식회사 어니스트펫
출판등록 | 2017년 6월 21일 제2017-000042호
주소 | 서울시 성동구 연무장11길 10 2층 2026호 (성수동2가 우리큐브)
전화 | 070-7723-7574 **팩스** | 02-6499-7574
이메일 | pmzine@naver.com

값 18,000원
ISBN | 979-11-962564-1-8 13490

이 도서의 국립중앙도서관 출판예정도서목록(CIP)은 서지정보유통지원시스템 홈페이지(http://seoji.nl.go.kr)와 국가자료종합목록 구축시스템(http://kolis-net.nl.go.kr)에서 이용하실 수 있습니다. (CIP제어번호 : CIP2020001254)

대한민국 1500만 반려인을 위해
최고의 영양학 수의사 왕태미가 알려주는 반려동물 음식 이야기

당신의 반려동물은 잘 먹고 있나요?

왕태미 지음

어니스트북스

Prologue

어떤 음식이든지 좋은 점과 나쁜 점을 모두 가지고 있습니다. 그래서 음식 종류에 상관없이 영양이 균형을 이루어 건강에 도움이 되고 안전하면 그것이 바로 좋은 음식입니다.

몇 년 전 미국에서 시작해 한국, 대만 등 아시아권까지 유행하게 된 생식은 많은 반려인에게 사랑받고 있습니다. 인터넷상에 생식에 관한 긍정적인 글들이 꽤 많거든요. 하지만 생식도 좋은 점과 문제점을 동시에 가지고 있습니다. 생식이 유행하기 전에는 화식(요리해서 만든 음식)을 반려동물에게 주곤 했죠. 음식을 정성스럽게 만들어주는 보호자의 경우 반려동물에게 매일 다른 음식을 만들어주는 것이 반려동물을 건강하게 키우고 사랑을 표현하는 방식이라고 생각합니다. 보호자가 바쁘다는 이유로 사료를 주식으로 하는 반려동물을 보면 불쌍하다고 여기죠. 그래서 매일 여러 가지 신선한 식재료를 사용해 음식을 만들어 주는데, 그렇지 못할 때는 자책감에 빠지기도 합니다.

사실 화식 또는 생식을 선호하는 보호자들은 대개 사료에 대해 부정적인 생각을 갖고 있습니다. 인터넷이나 책 등을 통해 사료의 나쁜 사례를 접했기 때문이죠. 심지어 사료가 질병의 원인이 된다는 말도 있습니다. 하지만 이것은 모두 사실이 아닙니다. 분명 사료에도 단점은 있지만, 잘못된 정보도 아주 많습니다. 생식과 화식 또한 장점이 있지만, 문제점도 무시할 순 없습니다.

수의사로서 영양 상담을 진행해온 저의 경험으로 볼 때 많은 보호자들은 반려동물의 음식과 사료에 대해 오해하는 부분이 아주 많습니다. 그것이 바로 제가 이 책을 쓰게 된 이유입니다. 반려동물의 음식과 사료에 대해 오해하는 부분을 영양학적인 관점에서 설명해주고 싶어서이지요. 최대한 과학적인 정보와 수많은 연구, 통계에 입각해 객관적으로 말하려고 합니다. 아마 반대 의견을 가진 이들도 많을 거라고 예상하지만, 제가 이 책을 쓰는 이유는 사람들의 생각을 바꾸는 데 목적을 두고 있는 것이 아닙니다. 평소 공부하고 일하면서 정리한 내용을 저의 관점에서 알려 주고 싶을 뿐이지요.

많은 지식이 폭발하는 지금은 혜안을 가지고 정보를 스스로 판단해야 하는 시대입니다. 반려동물을 사랑할수록 먹을거리를 지혜롭게 선택해야 하지요. 이 책은 여러분들이 반려동물의 음식과 사료에 대해 올바른 선택을 하는 데 최대한 도움을 주고자 전문가의 입장에서 생각해 볼 수 있는 방향을 제시했습니다. 영양학은 발전이 아주 빠른 과학의 한 분야입니다. 오늘의 진실이 내일의 거짓이 되기도 하기 때문에 최신 연구가 해마다 영양학자의 생각을 바꾸기도 하지요. 이 책에서 말하는 내용은 2019년까지 연구 발표된 것을 바탕으로 설명하고 있어 몇 년 후면 틀린 내용이 될 수도 있습니다. 그래서 절대 진실이라고 믿기보다는 현시점에서 최대한 객관적인 지식을 습득하는 데 참고하길 바랍니다.

저는 늘 반려동물을 키우는 보호자들에게 영양 균형이 잘 잡히고 건강

에 좋은 음식을 추천합니다. 생식 또는 화식을 주거나 사료를 주거나 전혀 상관없습니다. 음식의 종류가 문제가 되는 것은 아닙니다. 열심히 지식을 습득하여 올바른 방식과 각자 생활에 잘 어울리는 '좋은 음식'을 사랑하는 반려동물에게 주는 것이 가장 좋다고 생각하거든요.

반려동물을 사랑하니까, 최선을 다하는 여러분에게 이 책이 많은 도움이 되길 바랍니다.

2020년 1월

왕태미

Contents

Part 3 반려동물 음식에 대한 오해와 진실

잘못된 상식이 나의 반려동물을 아프게 한다!

Part 4 개와 고양이, 이럴 땐 어쩌죠?

반려동물의 문제 행동과 증상에 대한 처방전

Part 1

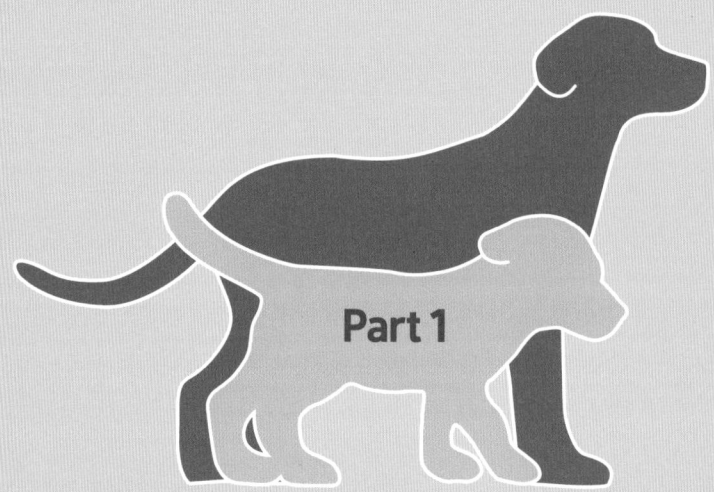

반려동물에게
가장 좋은 음식이란?

“

착한 음식,
나쁜 음식의 비밀은
원료에 있다

”

맛있어하는 음식, 몸에도 좋을까?

01

기호성 높은 음식은 건강을 해칠 수 있다

사료회사에서 근무하던 시절, 여러 나라의 반려동물 보호자와 수의사를 대상으로 '사료 선택에 있어 가장 중요한 기준'에 관한 설문조사를 한 적이 있다. 설문 결과 영양의 균형과 원료의 안전성, 질병 예방 및 관리 등이 중요하다는 답변이 대부분이었는데 한국은 의외의 결과가 나왔다.

한국의 반려인들은 사료 선택의 첫 번째 기준을 '기호성'으로 꼽았고, 수의사들도 기호성이 가장 중요하다고 답했다. 전 세계 어느 나라에서도 나오지 않은 결과에 관계자들 모두 놀랐다.

왜 유독 한국에서만 기호성을 중요시 여길까? 동물병원 수의사로 일하던 때를 떠올려 보면, 우리나라 보호자들은 특히 반려동물에 대한 사랑이 남다른 편이다. 반려동물이 밥을 먹지 않아 걱정이 태산이라며 울먹이기까지 하는 보호자를 많이 접하다 보니 수의사들도 기호성에 민감해질 수밖에 없는 것이다.

나도 보호자 중 한 사람으로서 그 심정을 잘 이해한다. 인터넷에서 평 좋고 '금싸라기 사료'라는 별명이 붙은 사료를 사서 사랑하는 반려동물에게 주었는데, 한두 알갱이만 먹거나 냄새만 맡다가 가버릴 때의 허탈함이란 이루 말할 수 없다. 그런데 문제는 아이들이 맛있게 잘 먹는 음식이 건강에는 안 좋을 수 있다는 사실이다.

사람도 반려동물도 채소보다 햄버거와 감자튀김을 더 좋아한다

한 가지 질문을 하겠다. 한쪽에는 햄버거와 감자튀김, 다른 쪽에는 밥과 채소, 김치를 두고 어린아이들을 불러서 고르게 하면 아이들은 어느 쪽을 선택할까?

거의 대부분이 햄버거와 감자튀김을 고를 것이다. 사람이나 반려동물 모두 맛있는 음식에 열광하는 것은 똑같다. 음식의 맛만 고려하면 달콤하고 식감이 부드러우며 기름지고 고소한 음식을 선택할 수밖에 없다. 이것은 본능이다. 문제는 이런 음식만 먹으면 건강이 나빠질 수 있다는 것이다.

20세기 후반, 미국에서는 맛있고 풍요로운 식단과 패스트푸드로 인해 성인병, 즉 생활습관병이 사회 문제로 대두되었다. 운동 부족과 스트레스도 원인 중 하나였지만 생활습관병의 주원인은 역시 트랜스지방과 과도한 열량 등이었다. 이후 아이나 어른 할 것 없이 햄버거와 감자튀김을 자제하는 사회 분위기가 형성되었다.

건강 식단은 반려동물에게도 똑같이 적용되어야 한다. 반려동물의 건강과 안전을 고려하는 현명한 보호자라면 음식의 영양 균형을 확인하는 것이 우선이다. 음식의 '맛'은 그다음으로 고민해야 할 사항이다.

음식 선택의 기준은 맛이 아니라 건강이어야 한다

반려동물이 오랫동안 건강하게 우리 옆에 있기를 원한다면 맛보다 건강을 먼저 생각해야 한다. 특히 반려동물은 어린아이처럼 스스로 판단할 수 있는 능력이 없기 때문에 보호자가 더 신경 쓰고 지혜롭게 대처해야 한다. 반려동물의 몸엔 그리 좋지 않지만, 맛있는 음식을 가끔 먹일 수는 있다. 하지만 날마다 햄버거나 치킨에 비견할 만한 고단백 사료, 고칼로리 간식을 매일 먹이는 것은 대단히 무책임한 행동이다.

맛있는 음식은 분명 단기간의 행복을 가져다준다. 하지만 장기적으로는 건강을 해칠 수 있다. 그래서 맛은 음식을 선택하는 기준 가운데 하나일 순 있지만, 음식 선택의 '유일한' 기준이 되어서는 안 된다.

반려동물이 선호하는 사료의 맛을 연구한 결과를 보면 개와 고양이 모두, 사람과 마찬가지로 단백질(고기)과 지방이 많고 양념이 강한 음식을 좋아한다. 따라서 단백질과 지방이 많고 양념이 강한 사료가 당연히 기호성이 높다. 하지만 이런 음식은 건강을 해칠 수 있다.

지나친 '고기' 사랑이 질병을 부른다

고기는 개와 고양이에게 가장 맛있는 음식이다. 모든 반려동물은 고기가 많이 함유된 음식을 좋아한다. 우리가 흔히 먹는 고기는 단백질과 지방이 주성분이다. 사료회사도 이 점을 잘 알고 있기 때문에 고기의 함량을 늘려 사료를 맛있게 만들기 위해 노력한다. 그러나 단백질과 지방 함유량이 높은 고기는 가장 비싼 식재료 가운데 하나다. 그래서 고단백 사료는 비싸질 수밖에 없다. 고기의 함량이 높은 음식은 가격 말고 다른 문제는 없을까? 고기, 즉 단백질이 많은 음식이 반려동물의 건강에 어떤 문제를 일으키지는 않을까? 결론부터 말하면 건강에 문제가 발생한다. 단백질과 지방은 필수 영양소이지만 너무 많이 먹으면 다양한 질병을 불러일으킨다.

고기를 너무 많이 먹었을 때 발생할 수 있는 몇 가지 문제들을 알아보자.

단백질, 너무 많이 먹으면 비만이 된다

고기 섭취의 가장 큰 문제점으로, 신체에서 필요로 하는 양보다 더 많은 단백질을 먹으면 비만이 될 수 있다.

단백질은 여러 종류의 아미노산이 이어져 형성된다. 일부 아미노산은 몸에서 스스로 만들 수 없어 음식을 통해 섭취해야 한다. 이를 필수 아미노산이라고 하는데 개는 10가지, 고양이는 11가지 종류가 있다.

필수 영양소인 단백질은 몸에 들어가면 소화 과정을 거쳐 아미노산으로 변한 뒤 소장을 통해 흡수된다. 신체는 흡수된 아미노산을 가져다 몸을 고치는 데 사용하거나 효소를 만들 때 쓴다. 이때 신체가 필요로 하는 양보다 더 많은 단백질을 섭취하면 사용하고 남은 아미노산은 근육이 되지 않고 지방으로 변해 몸속에 저장된다. 즉 적절한 양의 단백질은 몸속에서 필요한 곳에 쓰이지만, 단백질 섭취가 과하면 근육으로 변하지 않고 지방으로 바뀌어 비만을 초래한다.

간과 신장에 부담이 생겨 간질환이나 신장병이 발생한다

단백질은 몸 안에 들어가면 소장에서 흡수된 뒤 간을 거쳐 일부는 에너지 원인 포도당으로, 일부는 질소 노폐물(요소, 암모니아 등)로 변한다. 질소 노폐물은 신장을 통해 몸 밖으로 배출된다. 이때 단백질 섭취량이 너무 많으면 간이 대사해야 하는 양이 많아져 간에 부담을 준다. 다행히 반려동물은 밤새 술을 마시지 않기 때문에 사람처럼 간이 힘들진 않지만, 간이 해독해야만 하는 약물로 치료 중인 반려동물이라면 단백질을 많이 먹지 않도록 조심해야 한다.

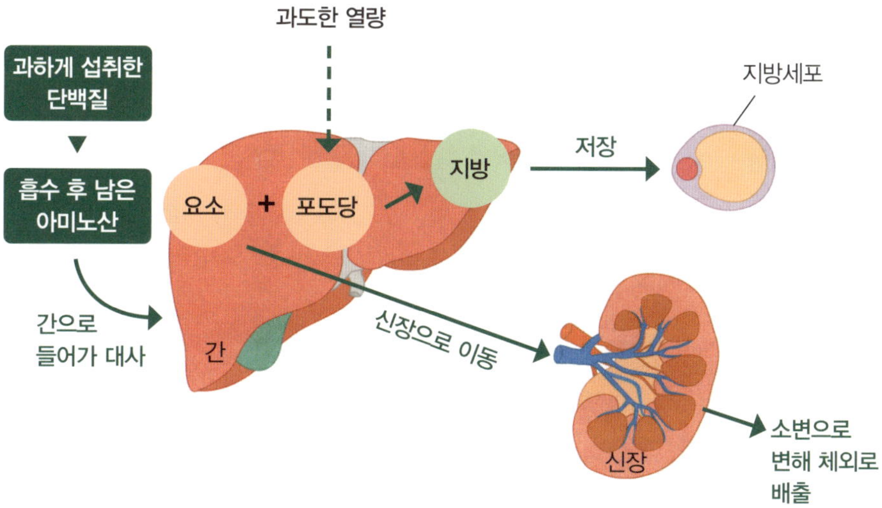

아직까지 건강한 반려동물을 대상으로 한 연구에서 과도한 단백질이 신장병을 일으킨다는 연구 결과는 없다. 일반적으로 젊고 건강한 개와 고양이는 단백질을 많이 먹어도 크게 문제 되지 않는다. 하지만 선천적으로 신장 기능이 약하거나, 나이가 들어 퇴화했거나 혹은 결석이나 신장염에 걸렸거나 포도를 잘못 먹은 경우 등의 원인으로 신장 기능이 떨어져 있을 때 많은 양의 단백질을 섭취하면 문제가 생길 수 있다.

특히 신장 기능은 일단 퇴화하기 시작하면 다시 회복되지 않는다. 나이가 많아지면서 신장의 상태는 점점 퇴화해 더 나빠지기 때문에 신장에 문제가 있거나 나이가 많은 동물은 단백질의 과다 섭취를 피하는 것이 좋다. 육식동물인 고양이도 과도한 단백질 섭취는 피해야 한다.

참고로 AAFCO(미국사료관리협회)에는 아직 최대 권장량에 대한 기준치는 없지만 단백질의 최소 권장량은 DMB로 개는 18%, 고양이는 26%이다. 그러므로 최소 권장량보다 조금 더 먹으면 충분하다.

개와 고양이의 최소 단백질 권장량

단백질 권장량(DMB)	개	고양이
AAFCO 최소 권장량	18%	26%

AAFCO(Association of American Feed Control Officials, 미국사료관리협회)

DMB란 무엇일까?

DMB(Dry Matter Basis)는 물을 포함하지 않은 상태에서의 영양소 함량으로, 음식에서 수분을 제거한 후 나머지 건조된 물질의 함량 비율이다. 단위는 %이다. 일반적으로 반려동물 식품 포장을 보면 'As fed'로 표시된 것을 볼 수 있다. 이것은 DMB의 반대되는 개념으로 '급여기준 상태' 즉, 수분을 포함한 상태에서의 영양소 함량을 의미한다.
그렇다면 왜 DMB로 계산해야 하는 걸까? 사실 건사료는 수분의 함량이 적어 DMB로 환산해도 수치가 크게 바뀌지 않는다. 하지만 통조림 같은 습식 사료는 수분이 대부분이기 때문에 반드시 DMB로 환산해야 정확한 영양소의 함량을 알 수 있다.
만약 식품 포장에 수분의 함량이 표시되어 있다면 큰 문제는 없다. 하지만 수분 함량의 표시가 없다면 건사료는 통상적으로 10% 정도 수분을 함유하고 있다고 본다. 통조림은 수분 함량이 90% 내외이다.
따라서 단백질 함량이 5%라고 되어 있는 통조림은 수분이 90% 함유되어 있으므로 100g의 통조림에 고형물(덩어리)은 10g이 있다는 의미다. 다시 말해, 단백질 함량이 5%라고 하면 이 덩어리 속에 함유된 단백질은 5g이다(5%=100g 중의 5g). 이것을 DMB로 표현하면 50%가 된다(10g 건조 성분 중의 5g 단백질=5/10X100%=50%).

결석이 생길 수 있다

비뇨기 결석은 개나 고양이에게 자주 발생하는 질병으로, 아직 발생 원인은 완벽히 밝혀지지 않았다. 반려동물에게 주로 발견되는 결석은 칼슘 옥살레이트(Calcium Oxalate)와 스트루바이트(Struvite)이며, 이는 단백질 과다 섭취와 연관성이 매우 높다.

앞서 말했듯이 단백질은 간의 대사 작용을 거쳐 암모니아 등 질소 노폐물을 생성한 뒤 신장을 통해 몸 밖으로 배출된다. 이때 생성된 암모니아는 스트루바이트 결석에 들어 있는 성분이다. 단백질을 많이 먹으면 몸에 암모니아도 많이 생성되어 스트루바이트 결석이 나타날 가능성이 높아진다는 얘기다. 즉 음식물에 단백질 함량이 너무 높으면 소변의 질소 농도가 증가해 결석이 더 쉽게 생길 수 있다.

칼슘의 흡수와 대사도 단백질과 관련이 깊다. 사람의 영양학 연구 결과에 따르면 적정한 양의 단백질(40~70g)은 칼슘의 흡수를 돕고 뼈를 튼튼하게 유지해주지만, 과도한 양의 단백질(140g)은 뼈에 있는 칼슘까지 배출하게 한다. 그러면 소변에 칼슘의 배설이 증가해 칼슘이 들어 있는 칼슘 옥살레이트(Calcium Oxalate) 결석의 발생 기회가 많아진다. 따라서 결석이 있거나 결석 발생의 가능성이 있는 반려동물은 반드시 고단백질 식사를 자제해야 한다.

지방도 과하면 독이 된다

기름기가 많은 음식은 맛을 돋우는 데 아주 좋다. 사실 동물뿐 아니라 사람도 기름진 음식을 거부하기는 어렵다. 기름으로 화려하게 마블링 된 꽃등심은 생각만 해도 입에 군침이 절로 돈다. 기름이 내뿜는 향기는 후

각이 발달하지 않은 사람도 저항하기 힘든데, 하물며 사람보다 후각이 훨씬 발달한 반려동물에게는 치명적인 유혹이다.

최근 몇 년 동안 케톤체 생성성 식사(Ketogenic Diet, 저탄고지)의 긍정적인 연구 결과에 따라 인공적으로 합성된 트랜스지방을 제외하고 적당히 먹는 지방은 몸에 나쁘지 않다는 발표가 있다. 하지만 자발적으로 식이조절을 할 수 없는 반려동물에게 무작정 지방을 많이 먹이는 것은 이로운 점이 하나도 없다. 다행히 지방대사의 조절 이상으로 사람에게 자주 일어나는 고지혈증은 반려동물에게선 자주 발견되지 않는다. 사람은 콜레스테롤 대사상 유전자에 문제가 있어 몸에서 콜레스테롤이 충분하더라도 계속 만들어내지만, 대부분의 반려동물은 유전자에 문제가 없기 때문에 고지혈증이 사람보다 적게 나타난다. 다만 슈나우저는 유전자에 문제가 있어 고지혈증(특히 중성지방 초과)이 자주 나타난다.

고지혈증 환자는 음식에 들어 있는 지방의 함량을 조절해야 심혈관질환 등을 예방할 수 있다. 음식으로도 관리할 수 없는 경우 약으로 관리해야 한다.

하지만 스스로 식이조절이 불가능한 반려동물은 지방을 많이 섭취하면 거의 100% 비만해진다. 실제 연구 결과를 살펴보면 과다한 지방, 즉 기름과 양념이 많은 음식이 반려동물에게 췌장염을 안겨주는 주범이라고 보는 시각이 많다. 따라서 사람이 먹는 음식, 그중에서도 지방 함량이 많은 서양 음식을 반려동물에게 주는 것은 피해야 한다. 특히 명절 때 먹을 수 있는 전과 같은 기름진 음식은 먹지 말아야 할 음식 1순위다.

AAFCO에서 제시하는 지방의 최소 권장량은 개 5.5%, 고양이 9%다. 췌장염을 예방하려면 지방 함량(DMB)을 개 15%, 고양이 25% 이하로 유지하길 권한다. 특히 비만인 동물의 경우 더 쉽게 췌장염이 발생하기 때문에 개는 10%, 고양이는 15% 이하로 유지할 필요가 있다.

케톤체 생성성 식사(Ketogenic Diet)란?

고지방 저탄수화물로 구성한 식이요법이다. 흔히 '저탄고지'라고 부르는데, 강제로 체내 지방을 사용해 케톤체를 많이 생성시키는 식이요법이라서 케톤체 생성성 식사라고 부른다. 고도비만을 관리하기 위해 단기 다이어트 요법으로 최근 각광받고 있다.

양념,
맛은 높이고
몸은 망친다

맵고 짜고 달달한 음식은 맛있다. 이런 음식은 식욕을 돋우고 맛을 높이지만, 몸을 망치는 주요 요인이기도 하다. 반려동물에게는 어떨까? 흔히 고양이는 단맛을 느끼는 미뢰가 없어 단맛을 못 느낀다고 알려져 있다. 고양이의 미뢰가 사람에 비해 20분의 1밖에 되지 않기 때문에 고양이가 좋아하는 맛이 한정적이라는 것이다. 쓴맛에는 민감해 입이 짧다는 의견도 많다. 대신 고양이는 감칠맛을 잘 느끼는 편이다. 고양이가 짠맛을 알지 못한다는 주장도 있고 짠 음식을 싫어한다는 연구 결과도 있는데, 의외로 고양이가 먹는 음식의 상당수는 짠 편이다. 개는 짠 음식과 단 음식 모두 잘 먹는다. 보호자의 입장에서는 반려동물이 잘 먹는 것이 무엇보다 중요하지만, 그렇다고 음식을 먹이기 위해 일부러 짜고 단 양념을 사용해서는 안 된다. 단짠의 대표적인 양념인 설탕과 소금은 사람뿐 아니라 반려동물에게도 좋지 않다. 과하면 독이 될 수 있다.

소금은 과다 섭취해도 문제고, 제외해도 문제다 /

먼저 AAFCO에서 제시하는 소금(NaCl)의 최소 권장량은 DMB로 개는 0.2%, 고양이는 0.5%다. 소금과 기호성의 관계를 보면 건사료에는 영향이 없을 수 있지만, 습식 음식에 소금이 많으면 많을수록 기호성이 증가한다는 연구 결과가 있다. 사람처럼 반려동물도 너무 짠 음식은 싫어한다. 그래서 건사료에 소금을 추가해 너무 짜게 되면 오히려 반려동물이 싫어한다. 반대로 캔사료나 집에서 직접 만든 음식에는 수분이 많아 소금을 적당히 추가하면 기호성을 높일 수 있다.

많은 사람이 좋지 않다고 여기는 소금은 사실 꼭 필요한 영양소다. 소금 속에 들어 있는 나트륨과 염소 모두 필수 영양소이고 최소 권장량도 있다. 나트륨과 염소는 우리 몸에서 전해질 균형과 신경 전달 등 중요한 기능을 담당하고 있어 음식에서 빠지면 안 되는 영양소다. 많은 보호자들이 소금을 나쁘다고 생각해 반려동물의 음식을 만들 때 소금을 전혀 넣지 않는 경우가 있는데, 이는 건강에 더 위험한 일이다. 소금은 필수 영양소이기 때문에 적정량을 섭취해야 건강을 유지할 수 있다. 장기간 소금을 빼고 음식을 먹이면 문제가 생길 수 있다는 것을 기억해야 한다.

문제는 소금 자체가 아니라 '과하게' 섭취하는 소금이다. 짠 음식을 계속 먹으면 뇌에 있는 신경들이 약물 중독과 비슷한 반응을 보여 짠맛 중독이 올 수 있다. 또 고염식은 혈압을 증가시키고 혈관에 무리를 준다. 과다 섭취한 소금을 몸에서 배출하기 위해 신장의 부담도 증가할 수밖에 없다. 뿐만 아니라 소변 속에 늘어난 나트륨은 반려동물의 비뇨기관(신장, 방광, 요도)에 자주 생기는 결석의 위험성을 증가시킨다.

단맛이 당뇨병을 부른다

설탕은 개가 정말 좋아하는 성분이다. 고양이는 단맛을 느낄 수 없기 때문에 설탕에 크게 반응하지 않지만, 개는 설탕의 유혹에 저항할 수 없을 정도로 좋아한다. 그래서 초콜릿을 먹어 응급치료를 받으러 병원에 오는 개들을 가끔 볼 수 있다. 초콜릿이 반려동물에게 위험한 이유는 바로 카페인(Caffeine)과 테오브로민(Theobromine)이라는 성분 때문이다. 함량에 따라 초콜릿 중독이 될 수 있고 문제가 없을 수도 있다. 이 성분들은 사람에게도 독이지만 우리 몸은 반려동물보다 크고 대사 속도가 빠르기 때문에 더 많이 먹어도 문제가 없다.

반려견이 초콜릿을 먹었다면 초콜릿의 종류와 먹은 양을 반드시 확인해야 한다. 대부분 초콜릿을 먹은 반려견이 병원을 찾는 경우는 당도가 높고 코코아 함량이 적은 밀크 초콜릿을 먹었을 때다. 실제 반려견이 코코아 함량이 높고 쓴 초콜릿을 먹는 것은 보기 어렵다. 그 이유는 반려견도 쓴맛을 싫어하고 단맛을 선호하기 때문이다. 밀크 초콜릿에는 코코아 함량이 적어 많이 먹어야 중독될 수 있는 반면 고농도의 초콜릿은 조금만 먹어도 신경 증상, 과도한 심박수, 신장 손상이 생길 수 있다. 특히 고농도의 초콜릿은 28g만 먹어도 14kg 체중의 개를 죽일 수 있을 정도로 치명적이다. 반려견이 고농도의 초콜릿을 먹었다면 빨리 병원에 가서 조치를 받아야 한다.

다시 단맛으로 돌아오자. 반려견이 더 맛있게 음식을 먹도록 음식에 설탕과 인공감미료를 첨가하는 것은 좋지 않다. 개는 설탕이나 인공감미료의 대사 능력이 약하기 때문에 건강에 나쁘다. 반려견이 설탕을 많이 함유한 음식을 먹으면 사람보다 혈당이 더 높아질 수 있고, 장기적으로는 당뇨병의 위험에 노출된다. 설탕을 대신하는 인공감미료도 안전하지 않다. 인공감미료는 조금만 사용해도 당도를 충분히 제공할 수 있다. 사람의 건강에는 큰 문제가 없을 수 있지만, 반려견이 인공감미료인 자일리톨(Xylitol)을 먹으면 췌장이 자극을 받아 다량의 인슐린이 분비되고, 이것이 저혈당을 불러온다. 심각한 경우 쇼크도 일으킬 수 있다. 자일리톨은 껌이나 아이스크림, 다이어트 음식 등에 많이 들어 있으므로 반려견이 섭취하지 않도록 조심해야 한다.

폭탄과도 같은 췌장염의 주범, 기름진 음식

췌장염은 고양이와 개에게서 흔히 볼 수 있는 질병이다. 잘 치료하지 않으면 사망할 수도 있는 위험한 질병 중 하나다. 췌장염은 음식과 밀접하게 연관되어 있는데, 특히 사람이 먹는 음식을 먹은 개와 고양이에게서 쉽게 발견된다. 참고로 여기에서 말하는 사람이 먹는 음식이란 '미국 식단의 음식'을 말한다. 미국 식단의 음식은 햄버거, 스테이크, 피자 등 고지방, 고단백 그리고 각종 양념이 많은 음식이다. 이런 음식은 사람은 물론 반려동물도 좋아한다. 그러나 앞에서 설명했듯이 단백질, 지방, 양념을 과잉 섭취하면 사람보다 체구가 작고 대사 능력이 떨어지는 반려동물은 췌장염의 위험에 더 많이 노출될 수 있다. 따라서 사랑하는 반려동물의 췌장염을 예방하려면 고지방, 고단백, 각종 양념이 많은 음식들을 최소화해야 한다.

명절 음식은 반드시 피해야 한다

췌장염은 일반 소화기질환과 유사한 증세를 보여 보호자가 놓치기 쉬운 질병이다. 반려동물이 설사나 구토 증세를 보인다면 바로 병원에 가서 정확한 진단을 받는 것이 좋다. 특히 우리나라는 명절이 지나면 소화기 질환으로 병원을 방문하는 반려견 환자가 많다. 이 가운데 상당수는 보호자가 주는 전이나 고기 같은 기름진 음식을 먹고 탈이 나는 경우다. 그러므로 명절 음식은 되도록 반려견에게 주면 안 된다.

기름진 음식을 먹어 췌장염에 걸리는 경우가 많지만, 본래 췌장염에 취약한 견종들도 있다. 대표적으로 코커스패니얼, 슈나우저, 요크셔테리어, 콜리 등이다. 이 중에서도 비만한 개와 암컷에게서 더 쉽게 발병하는 것으로 알려져 있다. 병원에서 신부전과 같은 신장질환이나 심장병으로 장기간 치료받는 동물에게도 췌장염이 자주 발생하는데, 아직 정확한 이유는 밝혀지지 않았다.

췌장염을 예방하려면

췌장은 신체에서 가장 많은 소화효소가 생성(신체의 90% 정도)되는 장기로, 쉽게 손상받을 수 있다. 췌장염은 사람에게선 그리 흔하지 않지만 반려동물에겐 자주 발생한다. 췌장에 염증이 생기면 제대로 소화효소를 만들지 못해 소화 기능이 떨어진다. 뿐만 아니라 간과 같은 췌장 주변의 기관도 췌장의 소화효소에 의해 소화가 되는데, 췌장염이 생기면 제대로 소화하지 못해 죽음에 이를 수도 있다.

더 큰 문제는 췌장에 염증이 한 번 생기면 완치되지 않고 평생 만성적인 염증 상태가 유지된다는 것이다. 보호자가 방심한 틈을 타 췌장염에 걸렸던 반려동물이 다시 건강하지 않은 음식을 먹게 되면 급성 발작을 일으킬 수 있다. 한마디로 보호자들에게 췌장염은 언제 터질지 모르는 폭탄과 같다. 따라서 평소 반려동물이 최대한 췌장염에 걸리지 않도록 노력해야 한다. 사람이 먹는 음식을 피하고, 기름과 양념이 많은 음식과 단백질이 많이 함유된 음식을 주어서는 안 된다.

반려동물은 우리 생각보다 더 영리하게 요구한다

반려동물을 죽음으로 몰 수 있는 췌장염 사례까지 소개했지만, 임상 현장에서 보호자들의 하소연은 끝이 없다. 맛있는 것을 주지 않으면 반려동물이 도통 밥을 먹지 않는다는 것이다. "애들이 밥을 먹지 않아요", "뭐라도 어떻게든 먹이려면 제가 질 수밖에 없어요!", "원론적인 이야기 말고 확실한 해결책을 주세요" 등의 이야기를 풀어놓는다.

대개 이런 경우 보호자들은 반려동물이 밥을 먹지 않아 배가 고프지는 않을까 걱정이 앞선다. 그래서 바로 육포나 과일 등 각종 간식을 꺼내 반려동물에게 준다.

사람의 경우를 한 번 생각해보자. 아이가 밥을 먹지 않을 때 엄마가 바로 케이크와 초콜릿, 치킨과 햄버거를 꺼내 주었다면 어떤 아이가 밥을 먹을까? 당연히 먹지 않을 것이다. 맛없는 밥을 먹지 않으면 바로 더 맛있는 음식을 먹을 수 있는데 누가 맛없는 음식을 먹고 싶겠는가? 반려동물도 마찬가지다. 사료를 먹지 않겠다는 행동을 취하면 보호자들이 안쓰러워하며 맛있는 간식을 총출동시킨다. 결국 반려동물은 맛없는 사료를 절대 먹지 않을 것이다.

더 맛있는 것은 비교에 의해서 나온다. 그리고 진짜 배가 고프면 맛없는 음식도 맛있게 먹을 수 있다는 것을 보호자들이 기억했으면 좋겠다. 우리는 단순히 반려동물의 '집사'가 아니라 '보호자'라는 사실을 분명히

인지하길 바란다. 반려동물은 응석을 부릴 수 있지만, 그때마다 맛있는 것만 먹일 수는 없다. 간식은 밥을 먹고 난 뒤의 작은 행운이고, 말을 잘 들었을 때 나오는 보너스이며, 고독한 하루를 보낸 배상이지만, 결코 식사하지 않는 것에 대한 대체 방안이 되어서는 안 된다.

Dr. Tammie TIP

"육포 간식은 먹이지 않는 게 좋아요!"

몇 년 전부터 한국에서는 수제 육포를 만드는 것이 크게 유행하고 있다. 많은 보호자들이 음식 건조기를 사용해 집에서 직접 육포를 만든다. 100% 천연 고기에 어떤 조미료도 첨가하지 않은 육포는 반려동물들의 인기 간식이 되었다. 그러나 육포는 내가 가장 추천하지 않은 간식이다.

육포에 자주 사용되는 닭가슴살을 예로 들면 수분 함량이 80% 정도이고, 건조한 후에 대략 10%의 수분이 남는다고 치면 수분이 80%에서 10%로 변하게 된다. 10g의 육포는 건조하기 전에 대략 30g 정도이고, 생닭의 가슴살이 100g에 110kcal라면 10g의 육포는 대략 33kcal다. 여기에 적어도 3가지 문제가 있다.

1. 간식으로 육포를 먹이려면 하루 필수 칼로리의 10% 이하로 유지하는 것이 좋다. 예를 들어 반려견의 체중이 5kg일 때 다른 간식은 주지 않고 육포만 준다면 10g만 주어야 한다. 그러나 문제는 대부분의 보호자들이 육포를 너무 많이 준다는 것이다. 반려견은 육포만 먹어도 배부르기 때문에 당연히 밥을 먹을 수 없게 된다.
2. 닭가슴살은 아미노산의 성분 비율이 좋아 단백질의 좋은 공급원이지만, 앞에서 얘기한 것처럼 단백질을 과다 섭취하면 오히려 간과 신장에 부담을 준다.
3. 식사 시 칼슘과 인의 비율은 1:1~2:1이 가장 좋다. 칼슘과 인의 기능이 중요하기 때문에 몸 내부에서 정밀하게 조절되는데, 문제는 닭가슴살의 칼슘과 인의 비율이 1:17로 인이 기준치를 훨씬 초과한다는 것이다. 닭가슴살을 먹는 경우 몸에 과도하게 들어온 인을 조절하기 위해 뼈에 저장되어 있는 칼슘을 빼야 한다. 한두 번 닭가슴살을 먹는 경우 문제를 못 느낄 수 있지만, 장기간 인을 과도하게 먹으면 골질, 간, 신장, 그리고 결석에 영향을 미칠 수 있기 때문에 방심하면 안 된다.

이런 이유로 나는 간식으로 블루베리, 배, 사과, 대추 같은 신선한 과일이나 브로콜리, 구기자, 삶은 양배추 같은 채소를 추천한다. 육포처럼 건조한 간식은 오래 보존할 수 있지만, 수분 함량이 적고 포만감이 낮아 과식하기 쉽다.
그래도 육포를 주고 싶다면 고구마와 같이 주는 것을 추천한다. 고구마는 인의 함량이 적어 닭가슴살과 고구마를 1:1로 주면 칼슘과 인의 비율을 1:4까지 낮출 수 있다. 특히 고구마는 식이섬유와 다른 영양소도 많이 함유하고 있어 좋은 간식이다. 다만 고구마 자체에도 열량이 있기 때문에 간식으로 줄 때는 하루 필요한 칼로리의 10% 이하로 제공해야 한다.

비쌀수록 더 좋은 사료일까?

02

비싼 것을 고르는 것이 꼭 정답은 아니다

반려견 관련 SNS 활동을 하는 보호자들과 만나 이야기를 나눌 때가 종종 있다. 한번은 반려견의 음식을 어떤 기준으로 선택하는지 물었더니 그들 중 상당수가 '음식의 비용'을 기준으로 삼고 있었다. 비싼 음식과 저렴한 음식이 있으면 그들의 선택은 대체로 비싼 음식이었다. 그들은 나에게 자신들이 선택한 반려동물의 음식에 대해 좋은지 물었는데 대부분 처음 듣는 음식들이었으며, 특히 가격을 듣는 순간 깜짝 놀랐다.

그 음식들에 대해 들어본 적도 연구한 적도 없어 즉석에서 대답하지 못했지만, 집에 돌아와 연구한 후 발견한 사실이 있다. 그 비싼 사료들은 고급 식재료를 사용하기 때문에 비쌀 수밖에 없다고 홍보하고 있었는데,

정작 가장 중요한 영양 균형에 대한 설명은 빠져 있었다. 갑자기 고급 동물병원에서 실습하던 중 있었던 일이 떠올랐다.

만성 신부전증으로 장기간 입원하고 있던 시추견은 매일 보호자가 집에서 가져온 각종 맛있는 음식을 먹고 있었다. 보호자가 가져오는 식재료는 홍삼, 한우 등 정말 비싸고 귀한 것들이었다. 보호자는 '비싼 재료'만 가져와서 먹였는데, 전문의가 보기에는 신장병이 있는 동물에겐 실질적으로 도움이 안 되는 것이었다. 신장병에 걸린 이유도 아마 그동안 너무 잘 먹어서일 것이다. 그러나 그곳은 럭셔리하고 호화스러운 동물병원이었다. 이 병원의 1차 상담 원칙은 보호자들의 각종 요구를 만족시켜주는 것이었다. 그래서 보호자들이 가져온 음식이 영양의 불균형을 초래해도 일단 가지고 오면 그것으로 죽을 만들어 먹였다. 그 당시 이런 생각이 들었다. 왜 보호자들은 비싼 재료에 연연하는 걸까? 그들이 생각하는 것만큼 정말 비싼 재료가 반려동물에게 건강을 선물할까?

정말 비싼 재료일수록 건강에 좋을까?

뒤에서 자세히 다루겠지만, 유기농 원료는 다른 식재료보다 훨씬 더 비싸다. 재배 과정과 배양 과정 등이 까다로워 신경을 많이 쓰는 데 비해 생산량은 적어 비용이 올라갈 수밖에 없다. 그러나 최근에는 유기농 원료를 사용한 사료보다 더 비싼 반려동물 음식이 판매되고 있다. 가격이 비싼 사료나 음식은 정말 비싼 식재료를 사용해서 비싼 것일까? 단가가 높은 유기농 원료나 비싼 고기가 많이 들어 있어서 원가가 증가하는 걸까? 아니면 고급화 마케팅으로 인해 비싼 존재로 포장되는 것일까?

우리나라에서 소고기는 무척 비싼 고기다. 그러나 보호자들은 그들의 반려동물을 위해 한우를 사는 데 돈을 아끼지 않는다. 그런데 문제는 '정말 비싼 재료일수록 반려동물의 건강에 좋을까?'라는 점이다. 실제 식재료의 가격은 비용 외에 다른 요소도 포함해 책정하는데, 예를 들어 '희귀하다'는 이유도 가격이 높아지는 이유 중 하나이다. 이제 식재료를 고르기 전에 희소성과 건강이 정말 정비례하는지 생각해보자. 내가 볼 때 희소성과 건강은 사실 큰 상관관계가 없다.

비싼 것과 안전은 관련이 없다

반려견 관련 SNS 활동을 하는 보호자들은 최고급 사료를 선택하는 것이 반려동물을 건강하게 키우는 최선의 방법이라고 생각하지만, 나는 그 생각에 전적으로 동감하지 않는다.

처음에는 그들이 구매하는 사료의 가격을 듣고 '사료회사에게 속는 건 아닐까?'라는 생각마저 들었다. '이 세상에 그렇게 비싼 사료가 정말 존재할까?'라는 의문은 인터넷을 검색한 후에야 사실로 받아들이게 되었다. 그 사료가 가격만큼 건강에 좋은지 연구해서 만약 정말 그렇게 좋다면 우리 집 반려동물에게도 먹이고 싶다는 생각이 들었다. 하지만 여러 조사를 거쳐 그렇지 않다는 사실을 발견했다.

비싼 사료 중 한 사료의 식재료 광고를 훑어보았다. 재료로 사용하고 있는 고기가 아주 깨끗한 환경에서 길러졌기 때문에 비쌀 수밖에 없다고 광고하고 있었는데 그들이 사용하는 주요 부위는 동물의 내장이었다. 영양학적 관점에서 볼 때 단백질, 인, 비타민 A 등의 영양소가 초과하지 않는 안전한 범위 내에서 깨끗한 내장을 식용하는 것은 건강에 도움이 된다. 내장 자체에 영양이 굉장히 풍부하고 음식의 맛도 높여 동물뿐만 아니라 사람에게도 우수한 단백질 공급원이기 때문이다. 그러나 그 사료는 유기농 인증을 받지 않은 동물의 내장을 사용하고 있었다. 더욱더 실망스러운 부분은 AAFCO가 제시하는 영양소 권장량을 준수했지만, 그들이 제공하는 자료에는 AAFCO Feeding Test(안전성 평가)에 관한 내용이 없다는 점이다.

이처럼 음식, 특히 사료에 있어서 '비싼 것'과 '안전'은 연관성이 적다. 즉 사료의 가격을 좋은 사료를 판단하는 기준으로 삼아서는 안 된다. 현명한 보호자는 사료에 사용된 식품의 영양소가 균형을 이루고 있는지 꼼꼼히 살펴보고, 안전과 관련한 부분이 충분히 점검되었는지 확인해야 한다. 비싸다고 해서 안전하다는 것을 의미하는 것은 아니라는 사실을 잊지 말아야 한다.

부산물로 만든 사료는 좋지 않은 사료일까?

'부산물(By-product)'이란 생산 과정의 주제품이 아니라 주제품을 만드는 과정에서 의도치 않게 나온 제품을 뜻한다. '자원 회수'라고도 할 수 있는데, 과일 찌꺼기처럼 주스를 짜고 남은 찌꺼기를 말한다. 서양인이 먹지 않는 동물의 내장도 부산물이다. 대다수의 반려동물 식품에 사용하는 부산물은 사람이 먹는 주제품을 생산하는 과정에서 나온 부산물이며, 그것은 사람에게 쓰레기나 마찬가지다. 그러나 어떠한 부산물은 영양학적으로 특수한 의의와 가치를 지닌다.

대부분의 보호자들은 부산물을 사람이 먹지 않는 쓰레기라고 여기기 때문에 반려동물에게도 당연히 나쁠 것이라고 생각한다. 하지만 사료에 사용하는 부산물은 다 의미가 있고, 영양소를 충분히 갖춘 재료다. 즉 이유 없이 그냥 사용하지 않는다는 얘기다. 대부분의 사람들이 부산물을 먹지 않는 이유는 비주얼이 나쁘기 때문이다. 예를 들어 한국 사람이 잘 먹는 콩비지나 내장탕은 좋은 영양소가 많이 들어 있지만, 외국인은 식감이나 문화 때문에 먹지 않는다. 우리가 볼 때는 훌륭한 식재료인 부산물을 그냥 버리는 격이다. 부산물이 들어간 사료는 좋지 않다는 편견을 바로잡기 위해 지금부터 부산물에 어떤 영양소가 들어 있는지 같이 살펴보자.

영양 만점의 부산물 콩비지

콩으로 두부를 만드는 과정을 살펴보자. 먼저 콩을 찐 뒤 곱게 간다. 이때 나온 액체를 삶으면 두유가 되고, 액체에 응고제를 넣어 응고시키면 두부가 된다. 즉 주제품은 두유이거나 두부이고, 나머지 콩 찌꺼기 즉 '콩비지'가 이른바 부산물이 된다.

영양학적 관점에서 콩비지는 두부보다 영양가가 높다. 콩비지의 50%를 차지하는 것은 식이섬유이며, 25%는 단백질, 10%는 지방과 기타 영양소다. 콩을 연구한 여러 논문을 살펴보면 콩비지는 당뇨병, 비만, 고지혈증 예방에 매우 효과가 있다.

이렇듯 콩비지는 쓸모없는 재료가 절대 아니다. 필수 아미노산을 많이 함유한 좋은 단백질과 식이섬유를 제공할 수 있는 식재료다. 사실 대두를 직접 사용하면 더 고급 사료가 되겠지만, 원가를 줄이고 좋은 영양소를 제공할 수 있는 콩 찌꺼기도 나쁜 재료가 아니다. 특히 식이섬유를 강화해야 하는 사료에는 대두를 사용하는 것보다 콩 찌꺼기를 사용하는 것이 더 좋다.

식이섬유의 좋은 공급원 채소와 과일 찌꺼기

반려동물의 사료를 만드는 데 흔히 사용하는 식품 부산물은 주스를 만들 때 짜내고 남은 각종 과일 찌꺼기다. 과일 찌꺼기의 주성분은 식이섬유로, 주제품인 주스에 모두 담긴다. 그런데도 과일 찌꺼기를 사용하는 이유는 남은 거친 섬유소를 보충해 위와 장의 움직임을 돕기 위해서다.

포도는 미국에서 주스로 많이 만드는 과일 중 하나다. 그래서 지금 판매하고 있는 미국산 사료 중에는 포도 찌꺼기가 들어 있는 사료가 있다. 사료회사에서 사용하는 포도 찌꺼기에는 주로 식이섬유만 존재하고 포도의 영양 성분이 존재하지 않는다. 이런 이유로 일반 포도처럼 반려동물의 신장에 나쁜 영향을 미치지 않는다고 말하지만, 개인적인 생각으로는 조금이라도 위험성이 있는 재료는 사용하지 않는 것이 더 좋다.

미국에서 제조하는 사료에서 가장 흔히 발견되는 채소 찌꺼기는 토마토 찌꺼기다. 토마토주스뿐만 아니라 토마토소스, 케첩을 만들 때 대량의 토마토 찌꺼기가 나오기 때문이다. 토마토 찌꺼기에는 수용성 식이섬유가 대량 함유되어 있어 사료를 만들 때 넣으면 위와 장을 활발하게 움직이도록 도와주고 포만감을 증가시킨다. 심지어 변비까지 예방할 수 있다. 가장 중요한 것은 토마토 찌꺼기는 부산물이라서 돈이 거의 들지 않는다는 점이다.

비타민 B군과 아미노산 제공자 맥주 부산물

사료 포장지에 적힌 성분을 들여다보면 맥주를 제조하고 남은 효모나 술 찌꺼기가 있다는 것을 알 수 있다. 이 성분들도 가격은 싸지만, 영양가는 매우 높다. 특히 맥주 효모에는 대량의 필수 아미노산과 단백질, 비타민 B군이 풍부하게 함유되어 있어 요 몇 년 사이 사람이 먹는 영양제에까지 사용하고 있다. 영양의 균형을 유지시켜주며 신체가 정상적인 활동을 하는 데도 매우 큰 도움을 준다.

사료회사의 입장에서도 맥주 효모는 효자 재료다. 맥주 효모를 일부 육류로 대체하면 생산 비용을 낮출 수 있기 때문이다. 뿐만 아니라 AAFCO에 따르면, 술 찌꺼기의 영양분은 백미와 다르지 않다. 유일한 차이는 백미보다 입자가 더 작다는 것이다. 하지만 일반 건사료를 제조할 때 모든 원료를 먼저 가루로 만들기 때문에 입자가 더 작은 술 찌꺼기는 제조 과정을 줄여주어 생산 비용을 절감하는 데 도움을 준다. 또 반려동물이 술 찌꺼기가 들어간 사료를 먹으면 백미가 들어간 사료를 먹었을 때와 동일한 99%의 소화율을 보인다. 이런 이유로 사료회사는 맥주를 제조하고 남은 부산물을 귀하게 여긴다.

영양소와 맛 모두 잡는 육류 부산물 /

육류 부산물은 대부분의 반려동물 보호자들이 가장 꺼리는 식재료다. 동물의 몸속 고기가 아닌 부위, 즉 내장과 뼈이기 때문이다. 기본적으로 아시아에선 동물의 내장을 먹는 경우가 흔하기 때문에 부산물이라고 할 수는 없다. 그러나 동물의 내장을 먹지 않는 나라의 경우 내장은 당연히 사람이 먹지 않는 부산물로 취급된다. 그래서 상대적으로 가격이 매우 저렴하다.

동물 사육 시 음식의 상태, 도축 환경과 보존, 운반 과정 중의 위생을 문제 삼지 않는다면, 동물의 내장을 사료에 넣는 일은 영양학적으로 아주 좋다. 내장에는 대량의 비타민과 미네랄뿐 아니라 다른 영양 성분도 풍부하게 들어 있다. 또한 고단백질과 고지방이기 때문에 입맛을 돋우는 데 효과가 매우 커서 편식하는 개와 고양이마저 거부하지 않고 잘 먹게 만든다.

단, 육류 부산물을 사용하려면 /

육류 부산물은 영양학적으로는 두말할 것도 없이 좋지만, 반려인들이 두려워하는 데에는 이유가 있다. 이는 안전과 관련이 있다. 동물의 내장을 식재료로 사용하려면 아래와 같은 사항을 반드시 꼼꼼히 확인해야 한다.

1. 내장의 출처는 깨끗한가?

이것은 다시 말해서 '사람이 먹을 수 있는가?'라는 문제로 귀결된다. 예를 들어 돼지가 주방으로 들어오기 전 농약, 세균, 곰팡이에 오염된 음식을 먹고 있었다면 돼지의 간 안에는 각종 독소가 들어 있을 확률이 아주 높다. 그렇다면 돼지의 내장은 사람에게든 반려동물에게든 식용으로는 부적합하다. 중금속에 오염된 풀을 먹은 소와 양은 체내의 내장과 지방에 금속 함유량이 기준을 초과할 가능성이 있다. 이럴 경우 동물의 내장은 절대로 식용으로 사용해서는 안 된다.

2. 도축, 포장 및 운반 환경은 어떠한가?

내장은 영양분이 풍부하기 때문에 세균과 곰팡이가 자라기 좋은 환경이다. 따라서 도축 과정에서 가능한 한 깨끗한 상태를 유지했는지, 포장과 운반 중에 무균 환경이 제대로 조성되었는지, 저온 냉장에서 보관했는지 등을 확인해야 한다.

3. 섭취 용량을 반드시 지키고 있는가?

동물의 내장은 반려동물에게 기호성이 좋아 너무 많이 먹으면 영양 과잉의 문제가 생길 수 있다. 특히 간에는 비타민 A가 다량 함유되어 있어 반드시 함량을 확인한 후 사용해야 한다.

생식은 안전하다?

03

생식은 반드시 주의가 필요하다

최근 들어 생식은 반려동물 보호자들 사이에서 주요한 토론 주제다. 날음식을 지지하는 보호자들은 반려동물이 날음식을 먹은 후 건강해지는 것을 보고 날음식을 지지하기 시작했다. 그들은 생식이 분명 도움을 주었다고 철석같이 믿고 있다. 그러나 대부분의 수의사들은 생식에 반대한다. 아직도 생식을 두고 찬반 의견이 팽팽하게 대립되고 있는 상황인 만큼 나는 여러분과 함께 생식이 정말 좋은지에 대해 논해보고자 한다.

생식이 불러일으킨 음식물 중독

나의 친한 친구는 현재 네 마리의 고양이를 키우고 있다. 모두 길고양이였지만 내 친구를 만난 뒤 세상에서 가장 행복한 고양이들이 되었다. 그녀는 대화할 때 늘 고양이 얘기를 빼놓지 않는다. 특히 고양이들에게 생식을 먹이고 있는데, 아주 만족스럽다고 말하곤 했다. 생식을 시작한 후 피부병이 있던 고양이가 호전되었고, 변비로 힘들어하던 고양이도 해결되었다며 생식이 이 모든 문제를 해결해주었다고 믿고 있었다.

솔직히 처음 생식을 먹이고 있다는 말을 들었을 때 나는 친구의 생식에 대한 생각에 조목조목 반박하고 싶었다. 그러나 그녀가 나에게 보여준 식단을 보고, 또 고양이들의 건강한 외모를 보자 생식에 대한 반감을 내려놓기 시작했다. 사람도 익힌 음식을 주로 먹지만 날것으로 먹을 때도 많다. 한국인들은 회뿐만 아니라 산낙지 그리고 육회도 먹지 않는가!

그런데 얼마 뒤 그녀는 나에게 생식을 먹이는 것에 의구심이 든다고 이야기했다. 어느 날부터 고양이들이 설사를 계속해 병원에 데려갔더니, '음식물 중독'이라는 진단을 받았다는 것이다. 생것을 먹여서 초래된 현상이라는 말을 의사에게 듣고, 고양이들에게 미안한 마음이 들었다고 했다. 다행히 네 마리의 고양이는 입원 후 3~5일 만에 회복했다. 이 일이 있은 후 나는 반려동물에게 날음식을 줄 때는 주의를 기울여야 할 것이 많다는 점을 많은 이들에게 알려주고 있다.

아직 증명되지 않은 생식의 효과

사실 모든 수의사가 생식에 반대하는 것은 아니다. 어떤 수의사들은 생식을 활용해 질병을 치료한다. 예를 들어 몇몇 수의사들은 생식을 사용해 '방부제 알레르기'를 앓는 반려동물을 치료한다. 방부제는 단백질이 아니라서 알레르기를 일으킬 수 없지만, 특정 방부제의 경우 아주 드물게 몸에 있는 단백질과 결합해 알레르기를 일으킨다. 이런 알레르기 환자에게 방부제가 없는 생식을 먹이면 증상이 개선된다.

변비로 인해 거대 결장을 앓는 고양이들이 많은데, 이 증상도 생식을 활용하면 치료하는 데 도움이 된다. 사료를 먹을 때보다 날음식을 먹을 때 고양이들의 물 섭취량이 훨씬 증가한다는 주장이 치료의 이유다. 날음식에는 세균이 존재하기 때문에 물을 충분히 섭취해도 미세한 설사를 일으키지만, 변비 증상은 분명히 개선된다.

어떤 수의사들은 생식이 염증성 장질환(Inflammatory Bowel Disease, IBD) 치료에 도움을 준다고 생각한다. 염증성 장질환은 원인 불명의 설사가 계속되는 질환의 총칭으로, 원인을 알 수 없어 치료가 매우 어렵다. 대부분의 수의사들은 스테로이드를 사용해 염증을 억제하지만, 몇몇 수의사들은 생식을 시행한 후 염증성 장질환이 개선된 사례를 경험했다고 보고하고 있다.

이처럼 생식으로 인해 반려동물이 건강해진 사례도 있는데, 대부분의 수의사는 왜 보호자들에게 생식을 권하지 않는 걸까? 생식으로 치료하는 원리가 아직 충분히 증명되지 않았고, 같은 병을 앓고 있는 반려동물에게 모두 효과가 나타나는 것이 아니기 때문이다. 생식을 하는 반려동물들이 익힌 음식을 먹는 반려동물의 질병 감염률보다 낮다는 연구 결과도 없다. 수의학적 관점에서 볼 때 생식을 활용해 치료하는 방법은 표준 치료법이 될 수 없다.

날음식, 생식의 숨겨진 위험

날음식은 그 자체만으로도 몇 가지 잠재적인 위험요소를 지니고 있다. 감염의 위험성, 영양분의 미흡수, 영양소의 불균형, 칼슘 부족 현상 등이 대표적이다. 그렇기 때문에 병을 치료하는 수의사로서 잠재적인 위험이 있는 생식에 대해서는 부정적인 태도를 취할 수밖에 없다. 생식의 잠재적인 문제점을 좀 더 자세히 살펴보자.

감염의
위험이 가득하다

먼저 식품의 신선도에 관한 문제다. 날음식은 가열하는 동안 대부분의 박테리아와 기생충이 사멸된다. 하지만 익히지 않는 생식에는 그대로 남아 있을 가능성이 높다. 날음식에 기생충과 기생충 알이 있다면 섭취 후에는 기생충 감염에 걸릴 위험성이 매우 커진다. 특히 수산물 중 생선류에는 담수, 해수 또는 양식산 모두 기생충과 알이 있을 가능성이 매우 높다. 이는 육안으로 식별하기 어려워 모르고 섭취하는 경우가 많은데 건강에 매우 위험하다.

육류에는 박테리아가 번식하기 쉽다. 이는 기생충보다 더 위험할 수 있다. 동물이 도살되는 순간부터 박테리아는 번식하기 시작한다. 냉동이나 냉장에 보관해도 세균의 성장을 완전히 막을 순 없다. 박테리아의 성장만을 약간 늦출 뿐이다. 우리가 맛의 변화를 느끼지 못할 뿐이지, 검사를 해보면 세균들은 이미 우리 몸이 받아들일 수 있는 허용 범위를 넘어선다는 것이 연구에 의해 밝혀졌다.

박테리아의 종류는 수없이 많기 때문에 매번 발생하는 문제도 다르다. 생식에 캄필로박터(Campylobacter), 대장균(E. Coli), 살모넬라균(Salmonella)이 들어 있으면 심각한 식중독을 일으킬 수 있다. 구토와 설사 등 가벼운 증상이 나타날 수 있지만, 심각할 경우 사망에까지 이른다. 클로스트리디움 보툴리눔(Clostridium Botulinum)은 강한 혐기성 박테리아로, 보툴리눔 독소를 분비한다. 보툴리눔 독소는 신경독성을 가지고 있어 심각한 경우 사망을 일으킬 수 있다. 하지만 독소는 열에 강하지 않아 85℃ 이상의 온도에서 5분 이상 끓이면 파괴된다.

일반적으로 사람은 생고기를 잘 먹지 않는다. 생고기가 깨끗해 보여도 먹지 않는 이유는 박테리아와 기생충에 감염될 수 있다는 것을 알기 때문이다. 반려동물 또한 감염될 수 있다는 사실을 염두해두자. 박테리아는 더운 여름 특히, 고온에서 빨리 자라기 때문에 가능한 한 생식을 먹이지 않는 것이 안전하다. 그래도 날음식을 먹이고 싶다면 절대적으로 깔끔하고 안전한 환경에서 생식을 해야 한다.

영양의 불균형을 초래한다

일부 영양소는 날것일 때도 비교적 온전하게 몸에 흡수되지만, 대부분의 영양소는 적당히 조리한 후에 더 쉽게 소화 · 흡수가 된다. 예를 들어 단백질의 경우 적당히 가열하면 단백질의 구성 요소인 아미노산이 서로 연결되어 있는 화학구조가 파괴되기 때문에 소화가 더 잘 된다. 비타민 A, 비타민 E, 비타민 K 등 지용성 성분도 생으로 먹으면 흡수가 어렵지만, 기름과 같이 요리하면 성분이 기름에 용해되어 몸에 잘 흡수된다.

생식을 하면 익힌 음식을 먹을 때보다 영양의 불균형이 초래될 수 있다. 대표적인 것이 바로 비타민 B_1(Thiamine)이다. 특히 날생선이 비타민 B_1의 섭취 부족을 초래하는 경우가 있어 주의해야 한다. 생선살에는 비타민 B_1을 파괴하는 효소가 있는데, 생선의 단백질에 세균이 번식하게 되면 비타민 B_1을 분해하는 효소가 더 많이 생긴다. 이로 인해 생선을 주식으로 하는 고양이들은 비타민 B_1을 보충하지 못해 심각한 비타민 B_1 결핍증에 걸리게 된다. 걷지 못하거나 중심을 못 잡는 등 신경계에 불가역적인 문제가 발생할 수도 있다. 따라서 이런 증세가 나타날 때는 비타민 B_1을 많이 함유하고 있는 배아쌀 현미나 통밀 같은 곡물, 기름기가 적은 돼지고기 부위, 간, 콩 등을 추가로 섭취할 수 있도록 제공하는 것이 좋다.

반려동물에게 생고기만 주면 단백질 섭취량도 지나치게 높아진다. 생식을 하면 선택할 수 있는 식재료는 상대적으로 적어진다. 대부분의 반려동물은 이유 없이 채소를 스스로 먹지 않기 때문이다. 먹는다고 해도 익히지 않으면 영양 성분의 흡수율이 매우 낮다. 특히 탄수화물 성분의 식재료는 조리하지 않으면 소화율이 50%도 채 안 되기 때문에 생식을 하면 영양소의 불균형이 더욱 커진다. 따라서 생식을 할 때는 음식이 깨끗하고 안전한가 외에 반드시 영양소가 균형을 이루는지 따져봐야 한다.

칼슘이 부족해진다

반려동물에게 생식을 먹일 경우 '칼슘 대 인의 비율 문제'가 발생한다. 고기를 생으로 먹일 때 고기에 뼈가 없으면 인의 함량이 칼슘의 함량보다 매우 높아진다. 예를 들어 닭가슴살의 칼슘과 인의 비율은 1:17.8인데, AAFCO의 권고 섭취량은 1:1~2:1이다. 즉, 생각 없이 닭가슴살을 반려동물에게 먹이면 인의 섭취량이 많아지게 된다. 이런 이유로 생고기를 줄 때 뼈까지 주는 보호자가 있다. 야생에서는 원래 이렇게 먹기 때문에 영양 균형을 위해 뼈를 먹여야 칼슘을 확실하게 보충할 수 있다고 생각해서다. 그러나 뼈를 먹다가 뼈가 위를 뚫는 반려동물을 본 후 나는 보호자들에게 뼈를 함께 먹이지 말라고 강력하게 권한다. 특히 생뼈일 경우 제대로 부숴서 먹지 않으면 칼슘을 제대로 흡수할 수 없다. 뿐만 아니라 닭 뼈처럼 뼈의 뾰족한 부분을 그대로 삼킬 경우 삼켜서 소화되면 다행이지만, 소화되기 전에 위나 장을 뚫어 천공이 생기면 복막염에 걸릴 수 있다.

Dr. Tammie TIP

"혈액 검사로는 영양 결핍을 알 수 없어요!"

어느 날 강의가 끝나자 반려견에게 생식을 먹이고 있는 보호자가 나에게 다가와 물었다. "생식을 먹이면서 해마다 꼬박꼬박 건강검진을 하고 있는데, 수의사님이 이야기한 것과는 달리 영양 결핍은 한 번도 나오지 않았어요. 그러니까 지금처럼 계속 먹여도 되겠죠?" 여기서 문제는 혈액 검사로는 영양 상태를 알 수 없다는 것이다. 아직까지 혈액 검사를 통해 영양 결핍이 진단되는 경우는 흔치 않다. 사람도 비타민 D와 철(Ferritin)처럼 혈액 검사를 통해 영양 상태를 확인할 수 있는 항목은 몇 개 되지 않는다. 반려동물도 마찬가지다. 아직 반려동물 영양학이 명확히 정립되지 않은 상태이기 때문에 사람의 검사 방법을 통해 영양 상태를 정확히 파악하긴 어렵다.

사람에게 자주 결핍이 일어나는 칼슘을 예를 들어 보겠다. 칼슘은 몸에서 매우 중요한 성분이다. 몸은 혈액 중에 있는 칼슘을 조절하기 위해 많은 대사 기전을 가지고 있다. 혈액 검사상에 혈액 중에 있는 칼슘이 정상 범위보다 낮게 나타났다면 칼슘 결핍보다는 몸의 대사에 문제가 생겼다는 의미이다. 즉 훨씬 더 심각한 질병이 왔다는 신호일 가능성이 크다. 몸이 건강할 때는 칼슘을 많이 먹지 않아도 혈액 중에 있는 칼슘이 정상 범위를 잘 유지한다. 칼슘 섭취가 모자라면 몸은 정상적인 대사를 하기 위해 뼈에 저장된 칼슘을 빼서 혈액에 보낸다. 그래서 장기간 칼슘이 부족해도 혈액 검사로는 알 수 없다. 하지만 골밀도를 검사하면 뼛속의 칼슘이 부족하다는 사실을 바로 알 수 있다. 반대로 칼슘을 너무 많이 먹으면 몸에서 칼슘 흡수가 감소하면서 분변으로 그냥 배출하는 경우가 생긴다. 그 뜻은 뼈에 저장되어 있는 칼슘이 일단 감소하면 다시 보충하기는 생각보다 어렵다는 것이다.

결론적으로 혈액 검사를 통해 영양 결핍을 알기는 어렵다. 영양이 부족하거나 과다 섭취가 되었는지 알고 싶을 때는 음식을 준비하면서 영양소를 직접 계산하거나 음식을 영양소 분석기관에 보내는 것 말고는 방법이 없다. 지금은 증상이 없지만, 장기간 영양이 불균형을 이루면 결국 심각한 질병을 초래할 수 있음을 반드시 기억해야 한다.

“날것을 먹으면 위산의 농도가 강해져 소화기관이 건강해진다고요?”

단백질 함량이 높고 탄수화물 함량이 낮은 육류, 특히 날고기가 반려동물 위산의 산도를 더 강하게 만들 수 있다는 이야기는 맞다. 더 정확히 얘기하면 위산의 pH*를 더 낮게 만들어 산성이 강해진다. 음식 중에 단백질이 많으면 많을수록 단백질을 소화하기 위해 위산의 분비가 증가한다. 보통 산성이 가장 강할 때 개의 위산의 pH는 1에 가깝지만, 식단에 탄수화물이 많으면 개의 위산이 pH 4로 변한다. 참고로 인간의 위산의 pH는 약 1~4로, 음식 섭취의 시간과 내용에 따라 달라진다. 고기 즉, 단백질을 많이 먹으면 먹을수록 위가 산성화되는데 날고기를 먹으면 산성화가 더욱 강해진다.

생물의 진화 과정에서 신체는 환경에 빠르게 적응하기 때문에 생명을 유지하기 위해서 몸은 늘 최소한의 에너지를 사용한다. 몸은 최대한 남은 에너지를 저장하고 이유 없이 에너지를 사용하지 않는다. 위산을 분비하는 것도 에너지를 소모하는 일이다. 몸은 가급적이면 필요할 때만 위산을 분비하고 평상시에는 분비를 최소화하려고 노력한다. 위의 주요 기능은 단백질의 소화를 돕는 것이므로 단백질이 많이 함유된 육류를 많이 먹거나, 소화가 안 되는 날고기를 많이 먹으면 위산의 분비가 증가해 pH가 감소, 즉 산도가 높아진다. 반대로 탄수화물을 섭취하면 위산을 그렇게 많이 분비할 필요가 없다.

나는 위의 산성을 강하게 만들려고 날고기를 먹여야 한다는 논리를 이해할 수 없다. 건강한 몸은 음식에 따라 스스로 소화력을 조절한다. 위산 분비 능력이 뛰어나다고 해서 더 건강한 것도 아니다. 일부러 위산을 더 산성화하기 위해 날고기를 먹일 이유가 없다. 즉 동물의 소화 체계를 바꾸기 위해 식이요법을 통해 의도적으로 위산을 조절할 필요는 없다.

* pH는 산성도와 알칼리성의 정도를 나타내는 표준이다. 숫자가 적을수록 산성이 강해진다. 7은 중성이고 14는 알칼리성이 가장 높을 때의 수치다.

화식은 좋지만, 안전하지만은 않다

"반려동물을 위해 직접 음식을 만들어주는 건 어떤가요?"라는 질문에 대한 답은 "당연히 좋죠!"이다. 그렇다면 매일 신선하게 바로 만든 음식은 정말 반려동물의 건강에 도움이 될까?

꼭 도움이 되는 것은 아니다. '건강한 식사'란 두 가지 조건을 충족해야 한다. 하나는 영양의 균형이고, 다른 하나는 안전한 요리 방식이다. 예를 들어 깨끗한 기름으로 튀긴 치킨은 신선하고 맛있지만, 영양학적으로는 불균형을 이룬다. 고온에서 튀겨 아크릴아미드(Acylamide), 다환 방향족 탄화수소(PAHs) 등의 발암물질이 생기기 때문이다. 따라서 건강한 음식을 만들려면 기본적으로 영양의 수요를 만족시켜야 한다. 또한 정확하고 안전한 방식으로 만들어야 한다.

정성과 노력을 배신하는 화식

영양 상담을 하면서 코커스패니얼을 키우는 보호자를 만난 적이 있다. 그녀는 반려견을 매우 사랑해서 매일 신선한 음식을 만들어 먹이고 있었다. 사실 음식을 만들어 먹이기 시작한 이유는 코커스패니얼에게 알레르기 증상이 나타났기 때문이다. 동물병원을 찾아 혈액 항체 검사를 했는데, 그 결과 코커스패니얼이 고기를 포함한 거의 모든 단백질에 항체를 가지고 있다는 것이 발견됐다. 보호자는 개가 항체를 가지고 있는 식재료를 피하면서 음식을 정성껏 만들었다. 그러나 화식을 시작한 지 반년이 지났을 무렵부터 그녀의 반려견은 알 수 없는 이유로 토하기 시작했다. 처음에는 가끔 토하던 것이 나중에는 하루에 한 번, 때로는 하루에 몇 번을 되풀이했다. 보호자는 먹는 음식, 먹는 시간, 구토 시간을 꼼꼼히 기록해 나에게 가져다주었다. 나는 구토와 음식 구성 사이에서 특별한 규칙성을 찾아볼 수는 없었지만, 불균형한 식단이 존재한다고 확신했다. 건강에도 매우 좋지 않을 거라 생각되어 영양소를 계산해 분석해야겠다고 말했지만, 보호자는 이를 거부했다. 엄격하게 음식을 관리해 더 이상 개에게서 알레르기 증상이 나타나지 않기 때문에 식단을 바꿀 생각이 없다고 강하게 말했다. 어쩔 수 없이 보호자를 그냥 보낼 수밖에 없었다. 반년이 지난 후 코커스패니얼의 구토 증상은 더욱 심각해져 음식만 먹으면 구토를 하기 시작했다. 보호자는 결국 개를 다시 병원으로 데려가 검사를 받았는데, 초음파 검사에서 코커스패니얼이 위암에 걸렸다는 사실을 발견했다.

보호자는 다시 나를 찾아왔다. 지난 1년 동안 보호자가 기록한 자료를 5시간에 걸쳐 검토하고 분석했다. 보호자는 반려견이 모든 고기에 알레르기가 있다고 생각해 채식만 주고 있었다. 그녀가 주로 제공한 음식의 조합은 '양배추, 브로콜리 그리고 쌀'이었다. 너무 간단한 식단이라서 음식 알레르기를 없앨 수 있는 것은 맞다. 하지만 장기간의 이러한 영양 불균형한 식단, 특히 단백질 결핍과 과도한 섬유소가 위암의 주요 원인일 수도 있었다. 반려견을 너무 사랑한 나머지 음식 알레르기 환자를 위한 전용 처방사료를 버리고, 영양 균형이 무너진 음식을 직접 만들어준 그녀는 결국 건강과 장수라는 선물 대신 죽음과 질병이라는 질곡을 떠안게 되었다.

이 사례는 매우 극단적이지만, 이야기하는 이유는 음식을 만들어 먹이는 반려인들을 놀라게 해서 사료만 먹게 하려는 것은 아니다. 나 또한 100% 화식에 찬성하고 있지만, 절대적인 조건이 있다. 보호자는 자신이 만든 음식을 제공할 때 영양의 균형을 충분히 고려해야 한다. 사료를 살 때도, 음식을 직접 만들 때도 AAFCO의 영양 수요 기준에 맞추었는지 반드시 따져야 한다. 특히 소형견은 먹는 양이 적기 때문에 영양의 균형을 잡기가 어려워 더욱 주의가 필요하다.

건강한 식사는 기승전 영양의 균형

우리는 매일 다양한 종류의 음식을 섭취하지만, 필수 영양소를 꼼꼼히 챙기거나 세심한 계산이 없으면 영양적으로 불균형이 될 수 있다. 특히 반려동물을 위해 음식을 준비할 때는 영양이 부족하거나 과도할 가능성이 더 높다. 재료 선택이 쉽지 않고, 성분의 다양성을 확보하기 어렵기 때문이다. 음식의 종류가 적을 경우 영양 불균형은 물론 영양 결핍에 걸릴 가능성도 높아진다. 많은 질병은 식생활이 건강하지 못하고 영양이 오랜 시간 불균형을 이룰 때 발생하기 쉽다. 결석, 신장병 등의 질환에 걸리기 쉽고, 많은 양의 결핍이 있다면 짧은 시간 안에 급성 질환이 발생할 수 있다.

'안전하고 건강한 음식'을 만들고 싶다면 미네랄과 비타민뿐만 아니라 필수 아미노산, 필수 지방산 등 40종 이상의 영양소를 고려해야 한다. 농약 잔류물을 줄이기 위해 식재료를 깨끗이 씻는 방법 등 올바른 조리법도 필수다. 기름을 첨가하는 요리는 지용성 비타민의 흡수를 돕는다. 음식을 삶으면 수용성 비타민이 물에 녹으며, 고온에서 요리하면 발암물질의 형성을 유발한다. 이러한 영양에 대한 기본적인 지식을 가지고 음식을 만들어야 반려동물들에게 건강한 음식을 제공할 수 있다. 그래도 무엇보다 가장 중요한 건 영양의 균형임을 잊지 말자.

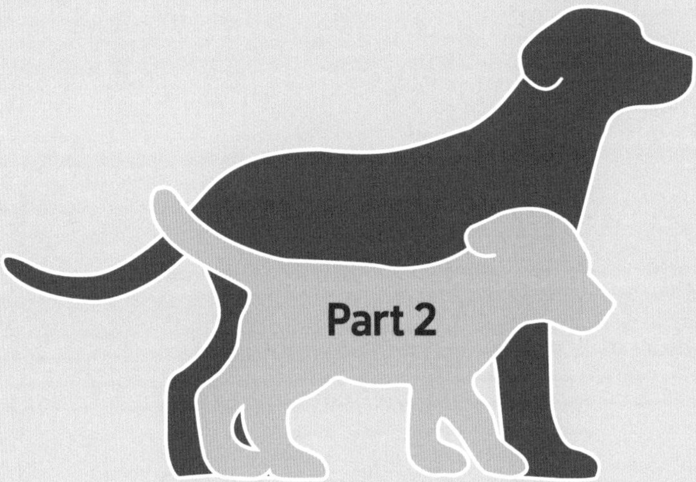

Part 2

그 사료,
믿어도 되나요?

“

반려동물의
건강과 안전을 좌우하는
수상한 성분 파헤치기

”

AAFCO를 따르면 안전한 사료일까?

AAFCO : 미국사료관리협회

04

AAFCO 기준, 너무 **믿지 마라**

14년 전, 내가 처음 피피를 기르기 시작할 때 사료를 구매하는 것은 쉬운 일이 아니었다. 그래서 나만의 법칙을 세워 사료를 선택하곤 했다. AAFCO(Association of American Feed Control Officials, 미국사료관리협회)의 영양 기준에 부합하고, 그 해의 WDJ(Whole Dog Journal)에서 추천한 것인지를 보는 것이었다. 그 당시 한국은 이 기준에 부합하는 사료를 판매하는 곳이 많지 않아 매번 미국이나 대만에 갈 때마다 여행 가방에 사료를 담아 오곤 했다. 그때는 잘 몰라서 한 행동이었지만, 사실 사료에는 고기가 들어가기 때문에 해외에서 한국으로 가져오면 안 된다. 현재는 한국에서도 좋은 사료를 많이 판매하고, 일부 사료는 외국보다 더 저렴하기 때문에 굳이 외국에서 사료를 가져올 필요가 없다.

나는 피피를 정말 잘 돌보고 있어 매우 건강할 것이라고 자신했다. 그런데 신체 검사에서 생각지도 못한 결과를 얻게 되었다. 신장지수가 BUN 지표(Blood Urea Nitrogen, 혈액요소질소)를 초과한 것이다. 놀란 마음에 원인을 찾기 시작했고, 음식 때문이라는 사실을 알게 되었다. 당시 피피가 먹던 사료의 단백질 함량이 40%(DMB)를 초과하고 있었다. 뿐만 아니라 간식으로 주던 치아 관리용 껌에 함유된 단백질은 70%를 넘었다. 매일 섭취하는 단백질의 양이 너무 많아 신장지수 지표를 초과하는 사태가 벌어진 것이다.

이 일을 통해 AAFCO와 WDJ에서 추천하는 사료가 꼭 안전한 것이 아니라는 사실을 알게 됐다. 동시에 반려동물을 대상으로 한 최대 영양 권장량의 연구가 아직 부족해 몇몇 영양소에만 기준이 있다는 사실도 알게 되었다. 특히 피피의 신장 수치를 치솟게 만든 단백질이나 소금은 지금까지도 최대 권장량이 없기 때문에 AAFCO가 제시하는 영양소 권장량에 따르더라도 건강을 지킬 수 없다. 검사 직후 바로 사료를 교체했다. 이번에는 단백질과 염분의 함량이 과잉되지 않았는지 꼼꼼히 살폈고, 특히 단백질 함량이 28%(DMB)보다 적은지 확인했다. 다행히 그 후 피피의 신장지수는 다시 표준으로 돌아왔다.

AAFCO는 영양소의 최소 권장량만 제공할 뿐

AAFCO는 미국사료관리협회의 약자로, 보건복지부가 정기적으로 '일일 영양소 권장 섭취량'을 발표하듯이 매년 '개와 고양이를 위한 일일 권장 영양소 최소 기준'을 발표한다. AAFCO가 미국의 공공기관은 아니지만, 상당한 공신력을 갖고 있어 미국에서 판매하는 사료는 기본적으로 AAFCO에서 제시하는 영양소 권장량을 따른다.

몇 년 전부터 보호자들은 반려동물에게 더 많은 영양을 챙겨주고 싶어 한다. 이러한 요구에 따라 수입 사료뿐 아니라 국내에서 생산되는 사료들도 AAFCO의 영양소 가이드라인을 따르기 시작했다. 심지어 많은 회사들은 'AAFCO의 영양소 가이드라인을 따른다'라는 문구를 마케팅으로 사용하고 있다. 그렇다면 AAFCO의 영양소 권장량을 따르는 사료는 정말 안전할까? '더 좋거나 그 이상'을 추구한다는 관점에서 봤을 때 AAFCO 또는 FEDIAF(유럽반려동물산업연방)의 영양소 권장량을 준수하는 것은 식품의 안전을 향상시키기는 하지만, '건강'에 있어서는 모자란 조치가 될 수 있다.

인간의 영양학 연구는 수 세기 동안 발전했지만, 반려동물에 관한 영양학은 근래에 들어서야 서서히 발전하기 시작했다. 몇 년간 개와 고양이를 키우는 사람들이 자신의 반려동물이 안전한 것을 먹는지 그리고 그것이 영양학적으로 옳은지에 대해 관심을 가지기 시작한 것이다. 현재까지 반려동물의 최소 영양소 요건에 대한 연구는 기본적으로 완료되었다. 하지만 영양소의 '최대 권장량'과 같은 보다 상세한 연구는 미흡하다. AAFCO와 FEDIAF의 최소 영양 권장량은 충분한 과학적 데이터가 부족한 상태에서 영양소의 최소 권장량만 제공할 뿐이다. 대다수의 영양소는 함량이 지나친 경우의 기준이 없는 상태다.

AAFCO 개 영양소 권장량(2019년 일부)

영양소(%)	1살 이하 강아지 / 임신 및 수유 성견	성견	최대 권장량
조단백질	22.5	18	
조지방	8.5	5.5	
미네랄			
칼슘	1.2	0.5	2.5(대형견 1.8)
인	1	0.4	1.6
칼슘 : 인	1 : 1	1 : 1	2 : 1
칼륨	0.6	0.6	
나트륨	0.3	0.08	

AAFCO 고양이 영양소 권장량(2019년 일부)

DMB(%)	1 살 이하 최소 권장량	성묘 최소 권장량	최대 권장량
조단백질	30	26	
조지방	9	9	
칼슘	1	0.6	
인	0.8	0.5	
소금	0.5	0.5	
타우린(건사료)	0.1	0.1	
타우린(캔사료)	0.2	0.2	

영양소도 과하면 독이 된다

모든 영양소는 결핍되면 부족으로 인한 증상과 질병이 나타날 수 있다. 마찬가지로 과잉이 되어도 문제를 일으킬 수 있다. 매우 안전한 영양소인 물도 지나치게 짧은 시간에 과도한 양을 섭취하면 문제가 발생한다. 몸에 수분이 들어가는 속도가 신장에서 수분을 배출하는 최대 이뇨 속도를 초과할 경우 체내에 과잉된 수분은 혈액을 희석시킨다. 그로 인해 저나트륨혈증이 발병한다. 대량의 수분이 신장에서 체외로 배출될 때 체내의 전해질이 함께 체외로 배출되는 것도 문제가 된다. 혈액 중의 전해질이 안전한 농도보다 낮아져 신체의 정상적인 대사에 영향을 미치고 심각할 경우 사망에까지 이른다. 우리는 이것을 '물 중독(Water Intoxication)'이라고 부른다.

이처럼 인간의 영양학은 수많은 연구를 통해 영양소가 과잉될 때 발생할 수 있는 증상이나 질병에 대해 이미 알고 있다. 하지만 반려동물의 영양학 연구는 그만큼 발달하지 않았다. 완벽히 연구된 영양소가 매우 적기 때문에 반려동물이 영양소를 과잉 섭취했을 때 발생할 수 있는 증상이나 질병을 알아차리고 대처하기는 쉽지 않다. 만약 반려동물에게 영양소 과잉의 문제가 출현한다면 인간과 같은 문제가 출현될까? 안타깝게도 이것은 아직 미지의 영역이다.

과잉의 기준을 모르면 과잉인 줄 모른다

AAFCO에서 제시하는 영양소 권장량은 대부분의 반려동물에게 필요한 영양소의 최저치일 뿐이다. 초과하면 안 되는 최대 권장량이 있는 영양소는 몇 개밖에 되지 않는다. 특히 고양이의 경우 최대 섭취량에 대한 연구가 개보다 더 적기 때문에 확인할 수 있는 자료가 거의 없다.

필수 영양소의 결핍은 신진대사 문제를 일으키지만 영양소 과다는 독이 될 수 있다. 예를 들어 많이 먹으면 안 된다고 알고 있는 나트륨(염분)도 사실은 필수 영양소다. 하지만 대부분의 현대인들은 여러 가지 이유로 나트륨을 과다하게 섭취하고 있다. 국제보건기구 WHO의 일일 나트륨 권장 섭취량은 2g이다. 인간의 영양학 연구를 통해 우리는 나트륨을 과잉 섭취하면 고혈압, 동맥경화, 심혈관질환 등 생활습관병이 초래될 수 있음을 일찍이 깨달았다. 만성 신장병, 요로결석, 골다공증을 증가시킬 수 있다는 사실도 알아냈다. 특히 매일 10g 이상의 나트륨을 섭취할 경우 위암의 발병률이 증가한다. 하지만 아직 개나 고양이의 나트륨 섭취량에 대한 연구는 턱없이 부족해 나트륨을 과잉 섭취했을 때 무슨 일이 발생할지 알지 못한다. 그래서 특수한 질병이 발병했을 때를 제외하고는 나트륨 섭취를 제한해야 하는지 알 수 없는 실정이다.

사료 제조 시 염분(짠맛)을 첨가하면 식품의 맛이 증대되고 식욕을 자극한다. 사료회사 입장에선 염분을 넣지 않을 이유가 없다. 또한 AAFCO가

염분의 사용 제한 기준을 마련하지 않았기 때문에 염분을 많이 사용하더라도 다른 영양소 권장량을 준수한다면 그것은 AAFCO의 영양소 가이드라인에 부합한다. 심지어 어떤 사료회사는 사료에 염분을 많이 첨가해 개와 고양이가 수분을 많이 섭취하도록 함으로써 결석을 예방하는 처방 사료로 판매하고 있다. 염분을 많이 넣어 반려동물의 식욕을 증가시키거나 물 섭취량을 늘리는 것이 안전한 일일까? 매우 안타까운 사실은 현재 염분의 안전성 평가 연구는 모두 사료회사가 제공한 것이다. 아직까지 개와 고양이의 안전한 염분 섭취량에 대한 공신력 있는 연구기관의 연구는 없다.

미국에서 인증받으면 안전한 사료일까?

반려동물을 키우는 보호자들에게 묻고 싶다. 어떤 사료가 반려동물의 건강을 위협하지 않는 안전한 사료일까? 미국에서 인증받은 사료? 최고급, 프리미엄 또는 홀리스틱(Holistic)이란 단어가 붙은 사료? 정말 이러한 사료들이 우리 아이들의 건강을 보장할 수 있을까?

결론부터 말하자면, 인터넷상에서 사료의 등급을 표현하는 이러한 단어들은 일부 사료회사에서 사용하는 마케팅 용어일 뿐이다. 공신력 있는 기관에서 인정한 용어가 아니다. 즉 공식적인 용어가 아니므로 이러한 단어가 적힌 사료들은 반려동물의 '안전'을 보장해주지 않는다.

그렇다면 어떤 사료가 안전한지 어떻게 알 수 있을까? 가장 좋은 방법은 사료공장의 제조 과정에 직접 참관하여 사료의 제작 상태와 방식을 이해하는 것이다. 비록 좋은 사료회사의 공장이라고 해서 100% 무결함을 보장할 수는 없지만, 사람들에게 참관을 시킨다는 것 자체만으로도 자신들의 회사가 얼마나 좋은 사료를 만드는지에 대한 자신감을 엿볼 수 있다. 뿐만 아니라 반려인들이 직접 사료공장을 감독할 수 있는 효과도 거둘 수 있다.

최고급이라고 잘못 알려진 사료, 홀리스틱

인터넷에 '사료 등급'을 검색하면 피라미드 그림과 함께 '홀리스틱'이라는 용어가 많이 등장한다. 그 피라미드에는 1등급 유기농, 2등급 홀리스틱, 3등급 슈퍼 프리미엄, 4등급 프리미엄, 5등급 마트 사료라고 적혀 있는데, 사실 이런 사료의 등급은 잘못된 정보다.

홀리스틱은 한국에서 매우 유행하는 사료 용어로, 인터넷상에서는 'USDA(United States Department of Agriculture, 미국농무부) 인증'을 받은 '사람이 먹는 레벨'이라고 알려져 있다. 하지만 잘못 알려진 것이다. 이 용어는 처음부터 끝까지 하나의 광고 용어에 불과하다. 현재까지 전 세계적으로 홀리스틱 사료를 공식적인 용어로 정의 내린 기관이 없으며, 법으로 정한 경우도 없다. 어떤 사료든 회사가 홀리스틱 용어를 쓰고 싶

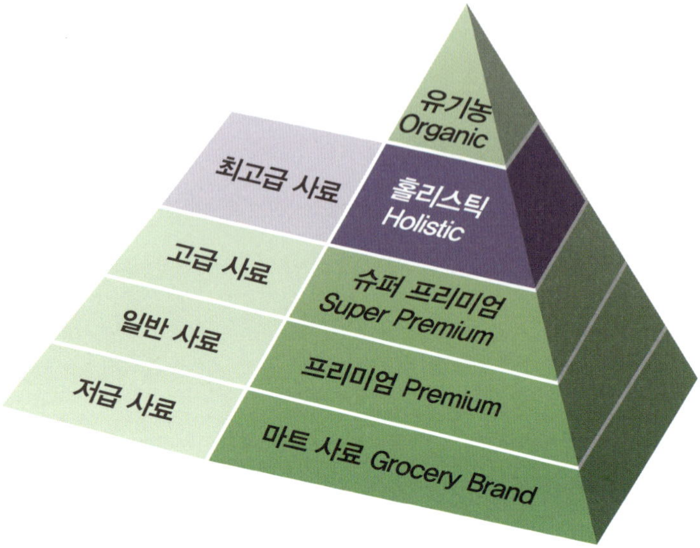

근거 없는 사료 등급 피라미드

다면 그냥 사용할 수 있다. 이 단어가 사료에서는 아무런 의미가 없기 때문이다. 더욱 안타까운 사실은 이 사료가 사람이 먹어도 되는 레벨인지 증명되지 않았다는 것이다. 반려동물을 키우는 많은 보호자가 찾는 만큼 홀리스틱에 대한 인증을 제대로 하는 사례가 나오길 희망할 뿐이다.

WDJ가 선택한 우수한 사료

미국 잡지 〈WDJ(Whole Dog Journal)〉는 매년 '식자재 안전 우수사료'

를 발표해 소비자에게 참고자료로 제공하고 있다. WDJ는 사료회사의 도움을 받지 않아 나름 공정성을 갖추고 있다고 주장한다. 대신 대부분의 잡지 내용은 돈을 지불해야만 볼 수 있다. 매년 우수한 사료회사의 명단 또한 마찬가지다.

WDJ의 사료 추천 원칙을 자세히 살펴보면, 이들의 비교 방식이 주로 '재료 공급원'이라는 점을 발견할 수 있다. 그래서 유기농을 원료로 사용할 경우 가산점을 주고, 재료의 원산지가 깨끗하고 출처가 투명해야만 좋은 사료로 선정될 수 있다. 영양의 균형과 사료의 안전 테스트 여부에 대해서는 WDJ가 크게 신경을 쓰지 않는다. 그래서일까? 그들이 발표하는 우수 사료 리스트와 내가 생각하는 좋은 사료는 완벽하게 일치하지 않는다. 사료를 선택할 때 '식사새의 안전성'만을 고려한다면 WDJ의 사료 추천 리스트를 참고하면 될 것이다.

식자재를 고르는 우선순위는 언제나 '영양 균형'

홀리스틱, 프리미엄 등의 단어를 사용하는 것은 사료회사의 자유다. 단, 이러한 용어를 적은 사료가 영양 균형이 잡힌 사료라면 말이다. 사용한 재료가 신선하고 품질 또한 사람이 먹을 수 있는 등급과 같으며, 제조공장의 위생환경이 우수하고, 공신력 있는 기관에서 안전 테스트를 받았다면 그 사료는 구매 영순위에 올려놓아야 한다. 그러나 아쉽게도 그러한 사료를 시장에서 구분해 내기는 무척 힘들다.

따라서 사료를 고르는 우선순위는 불분명한 마케팅 용어가 아니라 언제나 '영양 균형'이어야 한다. 좋은 식재료는 반드시 영양 균형 하에서만 고려되는 기준이라는 사실을 꼭 기억하자. 영양 불균형을 초래하는 사료라면 아무리 안심이 되는 유기농 원료를 사용했더라도 먹는 경우 질병을 유발할 수 있다.

AAFCO 피딩 테스트란 무엇인가?

영양이 균형 잡힌 사료는 건강을 유지하게 한다. 영양소가 부족하거나 과다하면 질병을 일으킬 수 있다. 그렇다면 사료의 영양이 균형 잡혀 있는지, 부족하거나 과다한지 우리는 어떻게 알 수 있을까? 이러한 반려인들의 궁금증을 해소하고 사료의 안전성을 보장하기 위해 AAFCO가 만든 규정이 바로 피딩 테스트(Feeding Test)다. AAFCO가 정한 규정에 따라 사료회사가 스스로 테스트하고, 테스트에 통과한 사료만 사료 포장에 'Animal Feeding tests(또는 Feeding trials) using AAFCO procedures substantiate…'라는 문구를 사용할 수 있다.

> **AAFCO Sratement : Animal Feeding tests using AAFCO procedures substantiate that ○○○○○ Adult Advanced Fitness Original provides complete and balanced nutrition for maintenance of adult dogs.**

피딩 테스트는 일반적으로 8마리의 동물(개 또는 고양이)에게 테스트하고자 하는 한 종류의 음식만 6개월 이상 먹인다. 8마리가 실험에 참여하는 6개월 동안 체중, 외모, 간단한 혈액 검사에서 적어도 6마리가 건강에 문제가 전혀 없어야 통과된다.

인터넷을 살펴보면 AAFCO의 피딩 테스트에 대해 의구심을 가진 의견도 있다. 6개월 동안 8마리 중 6마리의 동물이 실험에 통과하는 것은 너무 쉽다고 생각하기 때문이다. 나 또한 테스트에 참여하는 동물의 수와 테스트 시간을 늘리는 것이 더 좋다는 데 동의하지만, AAFCO에서 이렇게 테스트 규칙을 만든 이유가 있다. 실험하는 동물의 수를 늘리고 기간을 연장하면 테스트 비용이 증가함에 따라 테스트에 대한 사료회사의 의지는 낮아지는 반면 사료의 가격은 증가할 것이다. 사실 지금 판매하고 있는 사료 중에는 이런 '값싸고 의지만 있으면 할 수 있는' 테스트도 하지 않는 회사가 더 많다. 심지어 피딩 테스트라는 것이 있다는 사실을 모르는 사료 수입회사 대표도 있다.

나는 성견과 성묘를 대상으로 6개월 이상 사료 테스트를 진행하는 방식이 상당히 합리적이라고 생각한다. 왜냐하면 개와 고양이는 수명이 짧기 때문이다. 일반적으로 개의 1년은 사람의 7년에 해당하며, 6개월은 개에게 3년 반이라는 시간이다. 6개월 동안 피딩 테스트를 하는 동물은 사람이 한 음식물을 3년 반 동안 먹는 것과 마찬가지다. 만약 영양소가 부족하거나 과잉된 상황에서 유독물질이나 암 유발물질 등의 문제가 있다면 3년이라는 기간 동안 분명히 조짐이 보일 것이다. 6개월이 매우 짧다고 생각할 수 있지만, 테스트를 거치지 않은 사료에 비해서는 안전하다고 할 수 있다. 만약 사료회사가 AAFCO가 제시하는 피딩 테스트 규정이 충분하지 않다고 생각한다면 테스트의 항목과 시간 그리고 심지어 동물의 수를 늘릴 수도 있다. 문제는 이럴 경우 소비자들은 사료의 가격 상승에 대비해야 한다. 물론 반려동물을 위해서 하는 테스트이므로 구매 비용의 증가는 어느 정도 감내해야 한다고 생각한다.

현재까지 안전성 검사를 하는 사료 업체는 많지 않다. 심지어 수입 사료도 AAFCO의 피딩 테스트를 하는 업체가 많지 않다. 놀라운 사실은 많은 대형 사료회사들도 안전 테스트를 거치지 않는다는 것이다. 이러한 사실은 반려동물을 키우는 보호자들을 근심하게 만든다. 피딩 테스트를 하지 않은 사료를 먹고 여러 가지 질병이 발병되는 건 아닐까? 보호자인 내가 할 수 있는 것은 무엇이 있을까?

반려동물을 위해 사료회사들은 안전 테스트의 필요성을 인지해야 한다. 반려동물을 키우는 보호자들은 사료회사와 식품회사들이 안전성 검사를 충실히 이행해 반려동물의 식품 안전을 보장하도록 촉구해야 한다. 이러한 행동을 통해 우리가 정말 똑똑한 소비자라는 것을 사료회사들도 알아야 한다. 사료회사들이 그들의 돈을 개와 고양이의 안전을 위해 쓰길 바란다. 오로지 마케팅을 위해서만 쓰게 해서는 안 된다. 또한 피딩 테스트가 사료의 가격을 증가시킨다는 것을 우리는 알아야 하며, 피딩 테스트를 통과해 안전하다고 판명된 사료는 그만큼 비싸게 팔게 된다는 것을 긍정적으로 바라보아야 할 것이다.

그레인 프리 사료가 정말 우리 아이를 지킬 수 있을까?

그레인 프리 사료(Grain free, 무곡물 사료)

05

사료의 대명사가 되어버린 그레인 프리

고양이 두 마리를 키우고 있는 희정 씨는 고양이들의 귀 진드기 때문에 골치를 썩고 있었다. 두 마리 다 길고양이였는데, 데려올 때부터 귀 진드기가 아주 심했다. 오랜 기간 치료를 해도 나을 기미가 보이지 않았다. 두 고양이는 발작하듯 귀를 긁어 귀 주변에 피딱지가 앉은 상태였다. 방법을 찾던 중 희정 씨는 그레인 프리 사료가 알레르기 반응이 적어 반려동물의 몸을 긁는 행동이 줄어든다는 이야기를 들었다. 고민할 겨를도 없이 바로 그레인 프리 사료로 바꾸었다. 현재까지 네 가지 종류의 그레인 프리 사료를 바꿔가며 먹이고 있는데, 귀의 상태는 아무런 변화가 없었다. 그때부터 그녀는 인터넷상에서 큰 인기를 끌고 있는 그레인 프리 사료에 대해 의심하기 시작했다.

그레인 프리는 완벽한 사료?

최근 몇 년간 고양이 사료부터 개 사료까지 그레인 프리(Grain Free, 무곡물 사료) 사료가 유행하고 있다. SNS와 블로거를 통해 그레인 프리 사료의 장점과 필요성이 소개되면서 사료의 표준처럼 인식되고 있는 반면 곡물이 첨가된 사료의 문제점은 더욱 부각되고 있다. 필자가 강연할 때도 사람들은 늘 그레인 프리 사료에 대해 묻곤 한다. 어떤 보호자들은 이미 곡물은 무조건 나쁘다고 생각해 나에게 좋은 그레인 프리 사료를 소개해

그레인 프리 사료란 무엇인가?

네이버 지식백과에서는 '그레인 프리'를 아래와 같이 정의한다.
"그레인 프리는 반려동물의 곡물 알레르기를 최소화하기 위해 옥수수, 밀, 쌀 등을 사용하지 않고 만든 무곡물 사료다. 자연 상태에서 육식 습성인 고양이와 개는 사료의 곡물 성분에 대한 과민 반응으로 소화하는 데 문제가 생길 수 있다. 곡물이 충당하는 탄수화물을 감자나 고구마로 대신하고, 과일과 채소를 첨가해 균형 잡힌 영양분을 제공한다."

이 내용이 맞는지 틀리는지에 대해선 나중에 얘기하자. 여기서 확실한 것은 그레인 프리 사료에도 감자나 고구마 같은 탄수화물이 들어 있다는 점이다.
그레인(Grain)은 곡물이다. 곡물은 식용으로 하는 농작물의 입상(粒狀) 열매의 총칭으로 쌀, 보리 · 밀 · 호밀 · 귀리, 그리고 조 · 옥수수 · 기장 · 피 · 메밀 · 율무 등이 곡물에 속한다. 즉 그레인 프리 사료는 곡물을 사용하지 않는 대신 다른 탄수화물 재료(감자, 고구마, 마, 타피오카, 토란 등)를 사용한다.

달라고 요청한다. 그레인 프리 사료 시장이 형성되다 보니 사료회사들은 보호자들을 만족시키기 위해 더 많은 그레인 프리 사료를 출시하고 있다. 그러면서 언제부터인가 사료를 선택하는 첫 번째 기준이 바로 그레인 프리가 됐다. 그레인 프리 사료는 정말 반려동물에게 건강을 선물하는 완벽한 사료일까? 지혜로운 보호자라면 인터넷을 맹신하기보다는 사료에 대한 충분한 지식을 가지고 선택해야 한다. 우선 사료로 선택하기 전에 그레인 프리 사료가 무엇인지 아는 것이 먼저다. 그리고 반려동물을 위해 그레인 프리 사료를 꼭 선택해야 하는 이유가 무엇인지 고민해봐야 한다. 여론에 우리 아이의 건강을 맡길 순 없지 않은가?

무곡물(Grain-free)이 무탄수화물(Carbohydrate-free)은 아니다

많은 보호자들은 '무곡물'이 '무탄수화물'과 같은 의미라고 오해한다. 고양이는 육식성 동물이기 때문에 탄수화물을 먹이면 안 된다고도 생각한다. 그래서 그레인 프리 사료를 먹여야 한다고 생각하지만, 그레인 프리 사료는 탄수화물이 없는 것을 의미하는 것이 아니다. 곡물을 빼고 대신 다른 원료의 탄수화물을 넣어 만든 사료다.

'무탄수화물'은 탄수화물을 사용하지 않은 것(탄수화물이 함유된 재료를 첨가하지 않음)을 말한다. 그러나 탄수화물이 완벽하게 없는, 이른바 무탄수화물 음식을 만드는 것은 불가능하다. 영양이 균형 잡힌 음식을 만들기 위해서는 육류에 부족한 비타민과 미네랄을 보충하기 위해 채소와 과일류 등을 첨가해야 한다. 과일류에는 비타민과 미네랄 외에도 많은 당류와 섬유소가 들어 있다. 영양학적인 분류로 보면 섬유소는 비록 에너지를 제공하지는 않지만, 탄수화물에 속한다. 대부분의 단백질 재료(고기, 달걀, 우유 등)에도 소량의 탄수화물이 함유되어 있다. 예를 들어 달걀 100g에도 1.1g의 당이 들어 있다. 즉 정상적인 음식은 '완벽히 무탄수화물'일 수 없다. 따라서 무탄수화물 사료는 특별히 탄수화물 식재료를 첨가하지 않았을 뿐 영양 성분을 자세히 들여다보면 다소 탄수화물이 함유되어 있다.

그레인 프리 사료가 최선이라고 믿게 만든 오해

현재 판매하고 있는 그레인 프리 사료는 대부분 감자, 고구마, 마 등 곡물이 아닌 탄수화물을 사용해서 만든 제품이다. 이러한 그레인 프리 사료가 곡물을 함유한 사료보다 건강에 더 도움이 될까?

국내외의 유명 웹 사이트에서는 몇 가지 곡물을 반대하며 그레인 프리 사료를 숭배하고 있는데, 그 이유는 다음과 같다.

1. 곡물류는 쉽게 알레르기를 일으킬 수 있다. 특히 예전부터 자주 사용하던 옥수수가 알레르기를 일으키는 주범이다.

2. 야생의 개와 고양이는 사람이 심은 곡물을 먹지 못했기 때문에 곡

물을 소화할 능력이 없다.

3. 개와 고양이는 근본적으로 탄수화물이 필요 없다. 사료에서 곡물의 역할은 사료 알갱이의 모양을 갖추고 원가를 낮추기 위한 첨가제일 뿐이다.

위의 내용이 모두 맞을까? 하나씩 따져 보자.

오해 01 곡물류는 쉽게 알레르기를 일으킨다?

아직까지 개와 고양이에게 '곡물'이 '비곡물'보다 알레르기를 더 많이 유발한다는 연구 결과는 없다. 알레르기는 알레르기를 유발하는 '알레르겐(Allergen)' 때문에 발생한다. 원래 알레르기가 없는 반려동물에게 곡물 사료를 먹인다고 해서 없던 알레르기가 생기는 것이 아니라는 말이다. 반대로 알레르기가 있는 반려동물에게 무곡물 사료를 먹여도 알레르기 반응은 사라지지 않는다. 무곡물 사료가 알레르기를 치료하는 것은 아니다. 만약 반려동물에게 음식을 먹였을 때 알레르기 반응이 나타났다면 원인 물질인 '알레르겐'이 함유된 음식물을 확인하고, 최대한 피해야 한다.

많은 보호자들은 반려동물의 알레르기 발생 빈도를 과대평가하고 있는데, 대부분의 반려동물은 평생 알레르기 문제를 겪지 않는다. 이것은 대부분의 사람들이 알레르기가 없는 것과 마찬가지다. 통계에 따르면 알레르기가 있는 반려동물 중 10~20%만이 '음식'으로 인해 알레르기가 발생한다. 다른 말로 하면, 반려동물도 대부분의 알레르기 문제는 음식과 관련이 없다.

옥수수는 억울하다!
가장 흔한 음식 알레르기원은 단백질

2016년 통계에 따르면 음식 알레르기를 일으키는 주요 식재료는 다음과 같다.

개의 과민 반응	알레르기가 일어나는 비율(%)
소고기	34
유제품	17
닭고기	15
밀	13
콩	6
양고기	5
옥수수	4
달걀	4
돼지고기	2
생선	2
쌀	2

고양이의 과민 반응	알레르기가 일어나는 비율(%)
소고기	18
생선	17
옥수수	7
닭고기	5
밀	4
유제품	4
양고기	3

(출처 : Mueller RS, Olivry T, Prélaud P. Critically appraised topic on adverse food reactions of companion animals(2): common food allergen sources in dogs and cats. BMC Vet Res. 2016;12:9. Published 2016 Jan 12. doi:10.1186/s12917-016-0633-8)

표를 통해 알 수 있는 사실은 대부분의 알레르기가 동물성 식품으로부터 기인한다는 것이다. 알레르기를 일으킬 수 있는 성분은 단백질(일종의 방부제 같은 성분이 알레르기를 일으키기도 하는데, 이러한 성분은 신체에 들어가면 특수 단백질과 결합해 알레르기를 일으킨다)이기 때문에 고단백 식품이 우선 해당된다. 떠도는 속설로 인해 많은 보호자들이 옥수수를 두려워하는데, 알레르기를 일으키는 확률로 보면 개는 단 4%만이 옥수수로 인해 알레르기가 나타난다. 이것은 '음식 알레르기 확진을 받은' 100마리의 개 중에서 4마리만이 옥수수로 인해 알레르기가 발생한다는 것을 의미한다. 음식 알레르기 반응이 있는 고양이는 100마리 중 단 7마리만 옥수수에 의해 알레르기가 발생한다.

음식 알레르기 챕터에서 다시 얘기하겠지만, 결론적으로 알레르기를 일으키는 주원인은 단백질이다. 옥수수에도 단백질이 들어 있지만, 알레르기 유발 가능성이 높지 않다. 밀을 제외한 다른 물질에 의한 알레르기 유발 가능성이 더 낮기 때문에 곡물은 알레르기를 유발하는 주요 원인이 될 수 없다. 따라서 알레르기를 예방하거나 치료하기 위해 그레인 프리 사료를 선택해야 하는 이유는 성립하지 않는다.

다시 표를 자세히 살펴보자. 피부에 좋다고 많이 알려진 양고기는 알레르기 유발 순위에서 옥수수보다 앞서 있다. 그렇다면 양고기가 옥수수보다 더 위험한 걸까? 아니다. 내가 그렇게 생각하는 이유는 이 연구는 외국의 통계에서 나온 자료이기 때문이다. 음식 알레르기는 음식을 먹고 난 후 발생하는 질환으로, 자주 먹는 음식 재료일수록 알레르기를 유발할 가능성이 증가한다. 한국에서 이 연구를 다시 한다면 결과는 분명히 달라질 것이다.

예를 들어 한국은 소고기가 무척 비싸기 때문에 미국처럼 소고기를 자주 먹지 않을 뿐 아니라 반려동물에게도 충분히 주지 못한다. 따라서 소고기에 대한 알레르기가 있는 반려동물의 비율이 그다지 높지 않을 것이다. 미국은 옥수수를 가장 많이 생산하는 국가다. 당연히 옥수수로 사료를 만든다. 그런데도 옥수수로 인해 알레르기가 발생하는 개와 고양이는 전체의 4%, 7%밖에 되지 않는다. 즉 우리가 옥수수에 대해 오해하고 있다는 것을 보여준다.

내 생각으로는 소위 '저알레르기 음식 재료' 즉, 알레르기를 쉽게 유발하지 않는 재료란 존재하지 않는 것 같다. 알레르기를 유발하는 것은 식재료가 아니고 신체의 특성이다. 사람과 마찬가지로 반려동물에게도 어떤 식재료가 알레르기를 유발할 수 있는지 정확히 예측할 수 있는 방법은 없다. 대개 알레르기가 있는 반려동물은 통상적으로 하나의 음식에만 알레르기 반응을 보이지 않기 때문이다.

오해 02 강아지와 고양이는 곡물을 소화할 능력이 없다?

2008년, Carciofi는 잡지 〈Journal of Animal Physiology and Animal Nutrition〉에 연구 결과를 발표했다. 사료 테스트를 진행했는데 개들의 탄수화물(카사바(대극과의 열대 관목), 쌀 찌꺼기, 옥수수, 수수, 완두콩, 편두) 소화율은 98%를 넘었다. 이중 쌀 찌꺼기와 카사바의 소화율이 가장 높았고, 콩류의 탄수화물은 상대적으로 소화율이 낮았다. 고양이를 키우는 보호자들도 분명 고양이가 탄수화물을 어떻게 소화하는지 궁금해할 것이다. 1987년에 힐튼(Hilton)이 실시한 〈고양이 탄수화물 소화율〉에 관한 연구 결과에 따르면, 고양이는 탄수화물(단일화 포도당, 또는 전분)에 대해 94~99%의 높은 소화율을 보였고, 옥수수 전분이나 밀가루에 대해서는 79~97%의 소화율을 보였다.

이 결과로 보면 개는 곡물의 영양분을 소화하고 흡수할 수 있으며, 고양이도 곡물을 탄수화물원으로 여기고 소화할 수 있다. '개와 고양이는 곡물을 소화하지 못 한다'는 일부 인터넷의 정보와는 반대되는 결과다. 그러나 기억해야 할 것은 고양이는 개처럼 유당의 소화 능력이 나이가 들어감에 따라 차이가 나며, 심지어 유당 소화 능력을 완벽히 상실한다는 사실이다. 따라서 고양이에게 우유를 줄 때는 반드시 유당 처리 과정을 거친 유당이 없는 제품을 주어야 한다.

개의 탄수화물 소화 능력 분석표

탄수화물	소화율(%)
포도당	99
설탕(자당 / 사탕수수)	99
유당	0~60
생감자	19
삶은 감자	84
옥수수	47
삶은 옥수수	84

(출처 : Hilton J. Carbohydrates in the nutrition of the dog. Cam Vet J 1990;31:128-129)

고양이도 탄수화물을 잘 소화한다! 단, 문제는 탄수화물의 총량이다

사람에게도 탄수화물의 권장 섭취량이 없지만, 영양상 적정량의 탄수화물은 건강을 유지하게 해준다. 특히 지방과 단백질 섭취를 피해야 하는 췌장염이나 신부전질환과 같은 질병을 앓고 있다면 탄수화물로 일부 열량을 공급하는 것이 안전하고 건강한 방법일 수 있다.

하지만 고양이는 육식동물이다. 고양이는 개에 비해 단백질이 많이 필요하지만, 탄수화물은 한꺼번에 많이 먹으면 혈당이 너무 빨리 올라가 당뇨병이 올 수 있어 특히 주의해야 한다. 고양이에게 음식을 줄 때 탄수화물의 함량에 주의를 기울이는 것은 매우 중요하다. 고양이에게 '곡물의 첨가나 무첨가'는 아무런 문제가 되지 않는다. 오히려 탄수화물의 총량이 문제가 된다. 많은 연구에서 음식의 탄수화물 함량과 고양이의 당뇨병은 직접적 연관이 없다고 밝혔지만, 적정량 이상의 많은 탄수화물을 섭취하면 비정상적으로 혈당이 높아지고 당뇨병의 발병률이 증가할 가능성이 있는 것은 분명한 사실이다. 그러므로 고양이에게 음식을 줄 때 다음의 두 가지를 주의해야 한다.

1. 고양이에게 음식을 줄 때는 하루에 5번 이상 나누어준다. 고양이에겐 자유 급식이 좋지만, 비만을 쉽게 초래할 수 있기 때문에 총 칼로리를 유지하면서 5번 이상 나누어 먹이는 것이 가장 안전하다. 그래야 한 번에 너무 많은 탄수화물을 먹지 않아 혈당이 상승하는 것을 예방할 수 있다.

2. 고양이의 음식을 준비할 때는 탄수화물을 36%(DMB) 이하로 유지해야 한다. 그래야 많은 탄수화물이 혈당을 과도하게 증가시키는 것을 피할 수 있다. 또 탄수화물이 일부 단백질이나 지방을 대체하여 신장과 간질환을 예방하거나 간장의 부담을 줄일 수 있다. 단, 당뇨병이 이미 있는 고양이라면 탄수화물을 26%(DMB)로 낮추는 것을 권장한다.

오해 03 곡물은 사료 알갱이의 모양을 만들 뿐 비용을 낮추는 첨가제다?

결론부터 말하자면 전분(탄수화물)은 사료의 알갱이 모양을 만드는데 필요한 성분이지만, 탄수화물이기 때문에 열량을 제공한다. 단순히 사료의 알갱이 모양을 만들기 위한 첨가제가 아니다.

심장이 뛰고, 폐가 호흡을 하고, 간장이 대사하고, 위장이 소화되는 등 이 모든 신진대사를 원활히 하려면 매일 음식을 통해 충분한 영양과 에너지를 얻어야 한다. 매일 기본적으로 필요한 칼로리는 일정하며, 그 칼로리를 공급할 수 있는 영양소는 지방, 단백질 그리고 탄수화물뿐이다. 비록 탄수화물을 꼭 필요한 영양소라고 말할 수는 없지만, 혈당을 유지하거나 에너지를 공급하는 데 아주 중요한 역할을 한다. 그럼에도 탄수화물을 먹이고 싶지 않다면 지방이나 단백질의 함량을 늘려 충분한 열량을 공급하면 된다.

하지만 영양학 연구로 볼 때 단백질을 너무 많이 먹으면 간과 신장에 부담이 늘어나고 결석이 생길 확률이 늘어난다(p21 참조). 지방은 너무 많이 섭취하면 심혈관질환에 걸릴 확률이 늘어나거나 비만이 될 수 있다. 총 열량을 통제하면 살은 찌지 않겠지만, 자유롭게 음식을 먹을 경우 탄수화물을 함유한 음식이 칼로리가 더 적기 때문에 비만이 될 가능성이 줄어든다. 다시 쉽게 설명하면 지방 1g은 고양이나 개에게 8.5kcal의 열량을 제공하고, 단백질과 탄수화물 1g은 3.5kcal의 열량을 제공한다.

1g의 지방은 2g 이상의 단백질이나 탄수화물을 먹는 것과 같다. 따라서 똑같은 칼로리의 음식을 먹을 때 지방 대신 탄수화물이 들어 있으면 더 많은 양의 음식을 먹을 수 있다. 뿐만 아니라 필수 지방산과 필수 단백질(아미노산)이 이미 충족된 상태에서 모자란 부분의 열량은 탄수화물로 공급하는 것이 더 안전하다. 특별한 질병이 없을 경우 탄수화물은 소화율이 높으며 지방이나 단백질에 비해 부담이 적은 영양소이기 때문이다.

마지막으로 몇 가지 식재료에 들어 있는 영양소를 함께 살펴보자. 각종 탄수화물 식재료의 영양 성분비는 천차만별이며, 영양 성분상 감자와 고구마 등이 정말 뛰어난 완승을 거두는 곡물이 아니라는 것도 알 수 있다. 다시 말해, 곡물의 무첨가 여부보다는 사료에 영양이 얼마나 균등하게 들어 있는지를 따지는 것이 더 중요하다.

옥수수, 쌀, 현미, 감자, 고구마의 영양 성분표

	옥수수	쌀	현미	감자	고구마
중량(g)	100	100	100	100	100
열량(kcal)	111	352.4	354	81	122.3
수분(g)	74.2	14.4	15.4	79.5	69.4
단백질(g)	3.8	8.1	7.4	2.7	1.1
지방(g)	1.9	0.6	2.8	0.3	0.1
탄수화물(g)	19.4	76.5	73.1	16.5	28.5
조섬유소(g)	0.8	0	1.2	0.4	0
식이섬유(g)	4.6	0.4	2.4	1.5	2.8
소디움(mg)*	6	3.9	3	5	87
칼륨(mg)	240	93.8	273	300	271.8
칼슘(mg)	2	4.6	13	3	32.5
마그네슘(mg)	31	15.7	106	25	22.5
인(mg)	77	79.1	157	48	44.9
철(mg)	0.6	0.4	0.6	0.5	1.1
아연(mg)	0.9	1.4	1.8	0.7	0.3
비타민 B_1(mg)	0.1	0.1	0.4	0.1	0
비타민 B_2(mg)	0.1	0	0.1	0	0
나이아신(mg)	1.4	0.8	5.5	1.3	0.5
비타민 B_6(mg)	0.1	0.1	0.2	0.1	0.1
엽산(ug)	0	0	0	0	17.3
비타민 C(mg)	6	0	0	25	20.1
비타민 E(mg)	0	0.2	0	0	0.2

*소디움(Sodium) = 나트륨(Na)

그레인 프리 사료가 진짜 필요할까?

2019년 6월, FDA(Food and Drug Administration, 미국식품의약국)에서 확장성 심근병증(Dilated Cardiomyopathy, DCM)과 관련된 사료 명단을 발표했다. 이 자료에 따르면 2014년부터 2019년 4월까지 수집된 자료로 총 77pages, 500개 이상의 데이터베이스에서 확장성 심근병증을 보인 반려동물 중에 91%가 그레인 프리 사료를 먹인 것으로 밝혀졌다. 하지만 임상 보고서에서는 어떤 결론도 내리지 않았다. 만약 그레인 프리 사료나 건사료에 문제가 있다면 모집합으로 그레인 프리 사료를 먹고 있는 반려견이나 건사료를 먹고 있는 반려견 중에서 심근병증 케이스가 더 많이 발견되어야 한다. 그러나 그런 연구 결과가 없는 것을 보면 그레인 프리 사료나 건사료에 문제가 있다고 결론짓기는 힘들다. 특히 현재 확장성 심근병증 환자가 먹는다고 통보된 사료는 서로 다른 사료회사에서 나오고, 재료나 레시피가 다 다르기 때문에 FDA가 진짜 원인을 찾기 힘들 것이다. 그렇다면 왜 확실한 결론을 내리지도 못한 결과를 FDA는 우리에게 보여주는 걸까?

나는 FDA가 진짜 원인을 찾기는 어렵지만, 그래도 소비자에게 결과를 알려줌으로써 소비자가 스스로 판단할 수 있도록 기회를 준다고 생각한다. 그레인 프리 사료가 이렇게 유행하는 지금, 우리의 반려동물에게 그레인 프리 사료가 정말 필요할까? 그레인 프리 사료가 진짜 나의 반려동물에게 건강을 선물할까? 아쉽게도 정확한 답은 없다. 더 많은 연구 결과가 나오기 전에 여러분 스스로 자신의 답을 생각해야 한다. 진심으로 FDA가 하루빨리 연구를 진행해 반려동물에게 안전한 먹거리 정보를 제공하길 바랄 뿐이다.

유기농 사료라면 믿을 수 있다?

06

믿음직한 단어 '**유기농**'이 **등장**했다

반려동물이 먹는 음식에 신경을 쓰는 사람들이 점점 많아지고 있다. 결혼 대신 비혼을 선택한 수많은 사람들이 반려동물을 아이처럼 기른다. 마치 아기를 대하듯 가장 좋은 것만 반려동물에게 주려 노력한다. 그들의 수명이 길지 않은 것을 생각하면 누릴 수 있는 시간이 많지 않기에 가장 좋은 것을 주며 함께 오랜 시간을 보내는 것이다.

많은 기업들은 이러한 심리를 이용해 프리미엄급 제품을 론칭해 고가에 팔고 있다. 생활용품에서부터 음식, 장난감 등 각종 고급 제품을 다양하게 내놓는다. 반려인들은 다만 돈이 없는 것을 걱정할 뿐이다. 이러한 상황 속에서 유기농이 점차 인기를 얻기 시작했고, 많은 반려인이 '유기농'이란 세 글자를 알게 되면서부터 무엇이 유기농인지에 대해 생각하기 시작했다. 유기농은 정말 좋은 것일까? 사랑스러운 반려동물에게 유기농 식품은 어떤 의미일까?

유기농의 탈을 쓰고 만들어지는 나쁜 사료 /

봄비라는 강아지를 키우는 보호자를 만난 적이 있다. 그녀는 항상 봄비에게 가장 좋은 것만 주려고 노력했다. 한우와 외국산 소고기를 가려내는 놀라운 능력을 지닌 봄비를 위해 늘 한우만 먹였고, 사료도 당연히 최고급 유기농으로 만든 것만 먹였다. 그러던 어느 날, 봄비의 보호자는 나를 보자마자 유기농 사료도 안전하지 못하다고 불평했다. 봄비가 먹던 사료 제조회사에서 만든 유기농 고양이 사료 때문에 고양이가 죽은 사건이 발생한 것이다. 이 회사의 식재료는 미국 USDA 유기농 인증을 획득했지만, 실제 사용된 원료는 사람이 먹을 수 없는 부분이거나 관리가 안 되어 거의 상한 부분이었다. 공장 환경도 엉망이었다고 한다. 봄비의 보호자는 사료회사가 양심 불량이라며 속상해했다. 다행히 봄비는 검사 결과 문제가 없는 것으로 나왔지만, 그녀는 여전히 봄비가 잘못될까 봐 걱정하고 있었다.

이 사료회사는 USDA 유기농 인증을 보유하고 있었다. 고양이가 이

회사의 사료를 먹다가 병에 걸려 사망하자 한 신문사 기자는 나에게 그 사료회사가 제공하는 사료의 영양 성분이 안전한지 확인해 달라고 요청했다. 등록된 사료의 원료 성분 비율을 자세히 분석했다. 특별히 위험할 것은 없었는데, 유일하게 부족하다고 생각된 부분은 사료 안전 테스트였다. 그 사료회사가 진행한 사료 안전 테스트는 단 2마리의 동물만 대상으로 해당 사료를 1개월 동안 먹인 것이 다였다. 결국 나는 기자에게 보내준 자료의 영양 성분으로는 고양이가 죽게 된 이유를 찾을 수 없다고 전하며, 제조 과정에 문제가 있을 것 같으니 제조 공정을 확인해보라는 의견을 주었다.

얼마 지나지 않아 뉴스가 터졌다. 이 사료회사는 유기농 재료를 사용했지만 '먹을 수 없는 유기농'이었다. 사용된 재료는 팔다 남은, 사람이 먹지 않는 재료이거나 먹지 못하는 부위였고, 관리도 소홀해 파리가 번식할 정도로 부패되어 있었다. 비록 유기농 식재료는 맞지만 먹을 수 있는 등급은 절대 아니었다. 이런 음식을 먹으면 사람도 죽을 수 있다. 반려동물은 더 말할 나위도 없다.

이른바 '유기농 인증'은 재배를 위해 처음 심을 때부터 수확할 때까지만 인정된다. 이후에는 어떻게 보관되고 유통되는지, 사용 상태는 어떤지, 영양 균형은 잘 잡혀 있는지 전혀 증명할 수 없다. 사실 위와 같은 사례는 모든 사료회사에 해당되는 건 아니다. 악덕 업체 한두 곳이 위와 같은 행위를 한다. 사료에 사용한 재료의 상태를 알 수 없는 상황이기 때문에 의심받는 것이다. 따라서 유기농이라고 무조건 믿어서는 안 된다. 합법적인 유기농 인증 마크를 받았다 하더라도 충분한 안전 테스트를 거쳐야만 좋은 사료가 될 수 있다.

어떤 것이 유기농일까?

그렇다면 먼저 유기농이 무엇인지부터 알아보자. 유기농에 대한 기준은 국가마다 다르지만, 다음의 3가지 기준은 반드시 포함한다.

1. 화학합성 농약과 비료를 사용하지 않는다.
2. 유전자 개조생물 또는 동물이어서는 안 된다.
3. 식물 생장조절제 등 비천연 물질을 사용하지 않는다.

국제유기농운동연맹(International Federation Organic Agriculture Movements, IFOAM)의 표현에 따르면, "유기농은 토양과 생태계, 인간의 건강을 지키는 생산체계다. 현지의 생태 리듬·바이오의 다양성과 자연의 순환을 따르며, 나쁜 영향을 미치는 투입 물질에 의존해서는 안 된다"라고 유기농을 설명했다.

유기농업은 본질적으로 농업을 전통으로 되돌리는 방식으로 심거나 사육하는 것이다. 왜 현대식 농업에서 유기농업이 다시 등장하게 된 걸까? 현대식 농업은 인구 폭증, 기후 변화 및 자원고갈, 식량 위기가 전 세계적으로 계속 발생하는 상황에서 해충의 피해를 줄이고, 맛있고 영양 성분을 더 강화한 식물의 성장을 빠르게 만들기 위해 도입된 방식이다. 이 농업은 각종 화학합성 비료, 농약 및 제초제 제품 개발을 중점으로 하고 있었는데, 이러한 제품들은 모두 생산량을 늘리고 농업 비용을 줄이기 위해 만들어낸 것이다.

그 후 과학자들은 일부 화학합성 물질이 우리 몸에 해롭고 환경을 오염시킬 수 있다는 것을 발견하자 최대한 적게 사용할 수 있는 방법을 강구하기 시작했다. 이때부터 화학합성 물질을 사용하지 않고 어떻게 생산량을 유지할 수 있는가는 과학자들에게 새로운 과제가 되었다. 당시 과학 분야에서는 유전자 개량 기술 연구가 활발히 이루어지고 있었는데, 농업 연구를 하는 학자들은 이를 바탕으로 각종 유전자 개량 식물과 동물을 연구·개발하기 시작했다. 해충을 방지할 수 있는 유전자, 비료 없이 빠르게 생장할 수 있는 유전자, 잡초를 억제할 수 있는 유전자 등을 연구하며 수차례의 실패를 거쳐 완성시켰다. 농약을 사용하지 않고도 해충을 예방할 수 있고, 비료를 사용하지 않아도 생장이 빠르며, 제초제 성분이 없어도 잡초를 무서워하지 않는 식물을 개발해냈다. 심지어 비타민 결핍을 피할 수 있는 비타민이 강화된 식물까지 나왔다.

그러던 중 한 무리의 사람들이 유전자 개조 동식물에 대해 의구심을 갖기 시작했다. 변형된 유전자를 다른 동식물에 넣을 경우 그 유전자로 인해 암과 같은 큰 병이 초래된다면 유전자 개량은 매우 위험하다는 의견이었다. 이러한 여론에 밀려 현대식 농업은 다시 전통으로 돌아가기 시작했다. 사실 화학합성 약물을 사용하지 않고 유전자 개조도 없어야 농업이 지속 가능하며 환경도 오염되지 않는다. 하지만 그러한 농업으로 재배한 식량자원은 매우 비싸다. 상대적으로 생산 비용이 너무 높은 데 반해 생산량은 적어 동일한 양을 만드는 데 걸리는 시간은 늘어나고, 병충해에 노출될 가능성도 높아진다. 결국 식량 위기 사태는 해결되지 않고 원점으로 되돌아갔다. 심지어 환경오염, 농경지 부족, 농업 종사자의 감소로 식량 문제가 더욱 심각해지는 결과를 초래했다.

지금까지는 농업의 발전 과정을 개인적인 의견이나 감정을 배제한 채 사실만 설명했다. 이제 영양학자들의 관점을 활용해 이야기해보도록 하겠다.

농약과 비료도 적정량만 사용하면 문제 되지 않는다

우선 화학합성 농약과 비료는 우리가 생각하는 것만큼 그렇게 무섭지 않다. 식물에 잔류하는 양이 많을 경우 몸에 좋지 않지만, 적정한 양만 사용한다면 크게 문제 될 게 없다. 농약과 비료가 건강에 치명적이라는 것은 미디어가 만들어낸 주장이다. 각종 미디어에서는 방부제, 화학합성물, 조미료 등을 악마처럼 묘사한다. 그래서 조금만 먹어도 위험하다고 여기게 된 것이다. 하지만 오히려 요리 속에 들어 있는 설탕보다 더 안전할 수 있다.

현재 허가받아 사용하는 화학합성물은 충분한 안전 테스트를 거치고, 제한된 사용량을 엄격하게 지켜 건강에 아무런 위해도 가하지 않는 소재들이다. 과학자의 관점에서 보면, 일상생활에서 연구 없이 습관적으로 사용하는 안전량을 알 수 없는 물질보다 더욱 안전할 수 있다. 예를 들어 고온으로 볶거나 튀긴 요리에는 암 유발물질인 아크릴아미드(Acrylamide)가 생성되는 경우가 있다. 진하게 볶은 커피나 감자튀김 등에서 발생되지만 법률적으로 어떠한 검사도 하지 않는다. 이처럼 우리가 어느 정도 섭취했을 때 안전한지의 여부를 확정하지 못한 음식은 엄격한 검사를 통과한 화학합성물보다 더 위험할 수 있다.

독성물질도 안전한 범위 내에서 사용하면 약이 될 수 있다. 한의학에서 비상을 약에 넣는 것과 비슷하다. 필자가 가장 하고 싶은 말은 농약이나 비료도 안전한 범위 내에서 엄격하게 잔류량을 관리하면서 사용한다면 득이 실보다 더 많다는 점이다. 이로 인해 얻는 가장 큰 혜택은 돈과 시간이다. 적게 투자한 시간과 돈으로 더 많은 상품을 얻게 되고, 이는 다시 값싼 먹거리로 돌아온다. 물론 정부와 생산자는 규범을 지키고 검증의 책임을 져야 하며 소비자들의 권익을 보장해 국민들이 안전하게 먹을 수 있도록 해야 한다.

현재 우리나라는 식량 위기를 겪고 있지 않기 때문에 비용적인 측면만 아니라면 유기농이 가장 좋다는 사실은 의심할 여지가 없다. 나의 경우도 내가 먹는 음식은 일반 음식이지만 반려동물에게는 유기농이나 무농약 식품을 제공한다. 하지만 앞서 얘기한 것처럼 원재료가 유기농은 맞지만 폐기해야 하는 재료이거나 제조 과정에 문제가 있을 수 있기 때문에 유기농이냐 아니냐보다 식재료의 보관 상태와 제조 과정이 더 중요하다.

알아두면 쓸모 있는 유기농 인증

한국은 미국이나 유럽의 유기사료 기준에 맞추어 유기사료 인증제도를 2019년부터 전면 시행하고 있다.

유기사료의 분류와 표시 방법

유기사료 공인인증기관이 개, 고양이 사료의 원료와 제조 공정을 심사해서 국가 유기농 기준에 적합하면 유기사료로 인증해주고 있다. 반려동물의 유기사료는 유기원료 함량 95% 이상인 제품과 70% 이상인 제품으로 구분된다. 유기농 사료 표기 방법은 농림축산식품부 국립농산물품질관리원에서 제시한 기준에 따라 다음과 같이 표기한다.

반려동물 유기사료 표시 방법 예시

유기농 함량 95% 이상인 유기사료

[주 표시면]

- 제품명에 유기농, 유기사료 표시 가능
- 인증로고 표시 가능

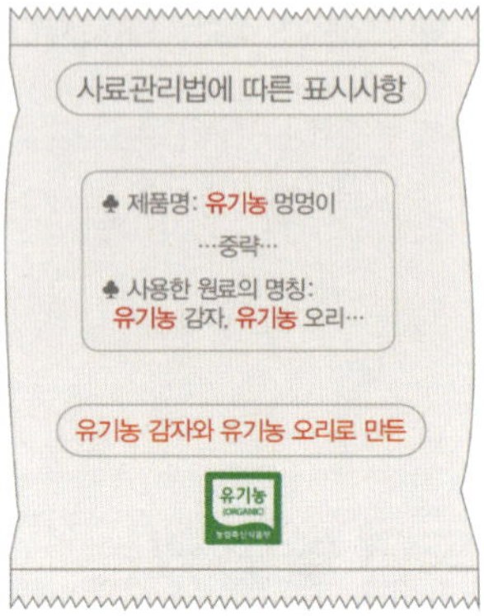

[주 표시면 이외 표시면]

- 원재료명 및 함량란에 유기농 표시 가능

유기농 함량 70% 이상인 유기사료

[주 표시면]

- 주 표시면에 유기농 표시(유기농 ○○으로 만든 등) 가능
  ※ 제품명으로 유기농, 인증로고 표기 불가
- '유기 70%'처럼 유기 원료 함량 문구 표시

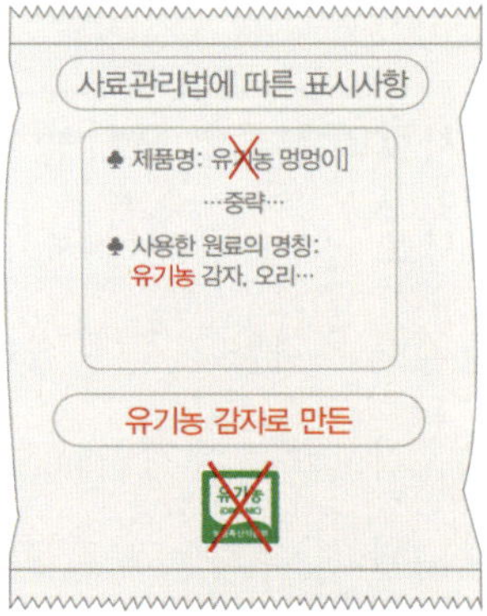

[주 표시면 이외 표시면]

- 유기농 문구 표시 가능
- 원재료명 및 함량란에 유기농 표시 가능

유기농 인증을 받지 않은 사료의 제한적 유기사료 표시 방법 예시

유기농축산물 함량 70% 이상(비인증품)

[주 표시면]

- 주 표시면에 유기농 관련 표시 불가능

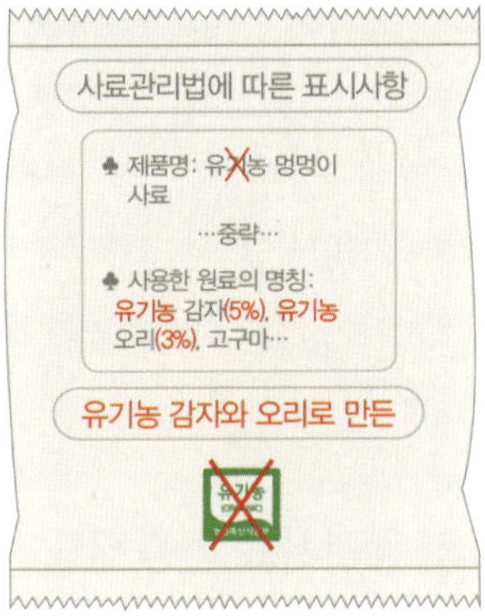

[주 표시면 이외 표시면]

- 유기농 원료 사용 문구 표시 가능
- 원재료명 및 함량란에 유기농 표시 가능
  ※ 총 함량 또는 원료별 유기 함량 비율 의무 표시

유기농축산물 함량 70% 미만(비인증품)

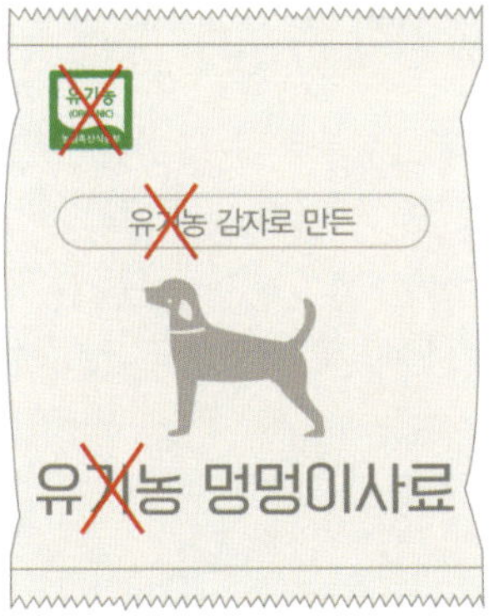

[주 표시면]

- 주 표시면에 유기농 관련 표시 불가능

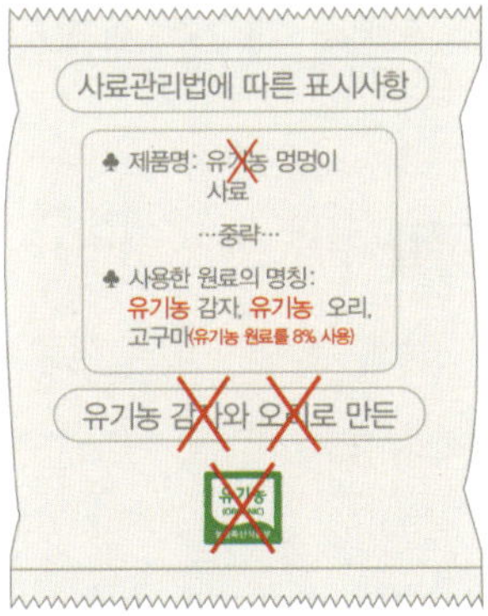

[주 표시면 이외 표시면]

- 유기농 원료 사용 문구 표시 불가능
- 원재료명 및 함량란에만 유기농 표시 가능
  ※ 총 함량 또는 원료별 유기 함량 비율 의무 표시

해외 수입제품의 유기사료 표시 방법

국내법에 따라 인증받지 않은 사료에 유기표기나 이와 유사한 표기(외국어)는 금지되어 있다. 국내법에 따라 인증받은 제품을 해외에서 수입하는 경우 수입업자는 사료 통관 절차가 끝나기 전까지 국립농산물품질관리원에 유기사료 수입 신고를 해야 하고, 국립농산물품질관리원의 서류 검사와 정밀 검사를 통해 허가를 받아야 한다.

미국의 유기사료 인증제도

미국 농무부(USDA)의 유기사료 인증은 한국과는 조금 다르다. 크게 4등급으로 분류된다.

- **1등급** 100% 유기농(100% Organic)

100% 유기농 재료로 제품을 만들어야 표기할 수 있다.

- **2등급** 유기농(Organic)

제품 중에 95% 이상의 재료가 유기농 인증을 받아야 유기농 제품으로 표기할 수 있다.

- **3등급** 유기농 재료로 제조(Made with Organic)

제품 중에 70% 이상 유기농 재료로 만들어야 'Made with Organic'이라고 포장에 표기할 수 있지만, USDA 유기농 마크는 붙일 수 없다.

· **4등급**

70% 이하의 유기농 성분으로 만들 경우 성분 표시에선 사용된 유기농 재료를 표시할 수 있지만, '유기농 제품'이라고 표시할 수 없다.

1등급과 2등급의 경우 오른쪽 USDA 유기농 마크를 포장에 사용할 수 있지만 유기농 95% 미만인 경우 이 마크를 붙이면 불법이다.

한국에 유기사료 표시 기준이 없던 시절에는 유기농 사료를 출시하고자 하는 회사들은 미국 USDA 인증을 많이 신청했다. 하지만 USDA 유기농 인증을 받으려면 비용을 많이 지불해야 했기 때문에 제품의 가격은 더 올라갈 수밖에 없었다. 더 큰 문제는 미국 USDA 인증을 받고 만든 제품이 계속 유기농 재료로 만들고 있는지 소비자들이 확인할 길이 없다는 것이다. 이제 한국에도 인증제도가 만들어졌으므로 정부에서 지속적으로 검사하고 관리해야 한다. 소비자 역시 직접 유기농 인증 마크를 꼼꼼히 확인한 뒤 구입하는 습관을 지니면 좋겠다.

영양과 안전성은 선택이 아닌 필수다

친환경의 대명사로 불리는 유기농, 천연 같은 단어는 소비자들에게 더 고급화된 이미지, 더 안전한 먹을거리로 인식되고 있다. 과연 유기농 채소와 천연의 식재료가 몸과 자연에 부담을 주지 않을까? 생각하는 것만큼 영양도 풍부할까? 그 어떤 화학합성물보다 안전할까? 그러나 실상은 다르다. '유기농', '천연'이라는 말은 반드시 안전과 같은 의미를 지니는 것은 아니다. 세계적인 화학자 제임스 콜만은 《내추럴리 데인저러스》라는 책에서 '유기농=청정'이라는 상식을 뒤집었으며, 《채소의 진실》의 저자 가와나 히데오도 '유기농=안전'이라는 소비자들의 맹목적 신뢰를 비판했다.

반려동물에게 음식을 만들어줄 때나 사료를 선택할 때 가장 우선시되어야 하는 것은 유기농, 천연의 식재료가 아니라 영양과 안전성이다. 영양이 불균형을 이루고 안전하지 못하면 반드시 건강을 해치게 된다. 영양과 안전성은 선택이 아니라 필수라는 사실을 잊지 말자. 유기농과 천연이라는 단어에 더 이상 맹목적인 믿음을 가져서는 안 된다.

유기농보다 중요한 건 영양의 균형

유기농이 중요한지 영양의 균형이 중요한지 물어본다면 나는 두말할 나위 없이 영양의 균형을 택하겠다. 나는 집에서 반려동물을 위해 음식을 만들 때 사람이 먹을 수 있는 신선한 채소와 과일, 베리류 등 유기농 식재료를 사용한다. 유기농 제품이 아닐 때는 무농약 제품을 선택해 과도한 농약 섭취를 차단한다.

그러나 아무리 좋은 식재료라 하더라도 영양이 과하거나 불균형을 이루면 오히려 반려동물의 건강에 해를 입힐 수 있다. 유기농보다 영양의 균형을 우선시해야 하는 이유다. 모든 영양소는 많거나 적어서는 안 되며, 적절한 균형을 이루어야 안전하다. 따라서 건강을 위해서는 어떤 식재료를 선택하는가도 중요하지만, 식재료에 들어 있는 영양소가 무엇인지, 균형은 잘 이루고 있는지를 따져보는 것이 더 중요하다는 것을 잊지 말아야 한다.

천연이라고 안전한 것은 아니다

많은 사람들이 '천연'이라는 단어를 보고 안심하고, '천연은 무독하다'라고 생각한다. 그래서 제품을 선택할 때 사람들은 천연이라는 글자에 스스로 쉽게 빨려 들어간다. 물론 나도 마찬가지다. 그런데 서울대학교 독리학 교수와 이야기를 나누다 크게 깨달은 사실이 있다. 자연 그대로의 '천연'은 그렇게 안전하지 못하다는 것이다.

식재료가 세척·절단을 제외한 조리 과정을 거친다면 사실 천연이라고 말할 수 없다. 사용한 식자재를 자연에서 얻었다 하더라도 추출 또는 가열의 과정을 거치면 모두 천연이 될 수 없다. 다시 말해 순수하게 원래의 식자재를 생으로 먹는 것이 아니라면 우리가 먹는 식자재는 모두 천연이 아니다. 천연의 정의를 모든 식자재에 대입해 그것을 자연에서 취득한 것이라고 한다면, 거기에는 어떠한 화학합성 물질의 첨가가 있어서도 안 된다.

그렇다면 첨가제가 없는 것은 정말 안전할까? 안전하다고 말할 수 없다. 독리학 교수의 말처럼 천연이란 것은 수많은 독성물질을 포함하고 있다. 그러나 많은 사람들이 독성에 대해 그다지 신경을 쓰지 않을 뿐이다. 모든 새로운 화학합성 물질은 안전 테스트를 거쳐 안전을 확인받은 후 권장 섭취량에 따라 사용한다. 이런 면에서 생각해보면 화학합성 물질이 천연의 것보다 더 안전성을 보장받았다고 할 수 있다.

아무리 천연의 좋은 재료라 하더라도 안전한 식용 범위에 대한 검증이 충분히 이루어지지 않았다면 안전하다고 할 수 없다. 특히 식재료마다 그 자체에 특성이 있어 먹는 양뿐만 아니라 식품 자체도 안전한지 고려해보아야 한다. 동충하초와 함께 '4대 선초'로 불리는 하수오를 예로 들어보면, 하수오를 섭취하는데 적합한 체질의 사람이 먹으면 건강한 신체를 가질 수 있지만, 하수오에 적합하지 않은 체질의 사람이 먹으면 간에 문제가 발생할 수 있다. 정리하면 천연 식재료가 꼭 안전성을 보장하지 않으며, 오히려 충분히 연구가 이루어진 화학합성 물질이 엄격한 안전 통제하에서는 천연보다 더 건강한 식자재가 될 수 있다.

'천연산'은 안전과 직결되지 않는 일종의 광고에 가깝다. 사랑하는 반려동물에게는 적합하지 않다. 그래도 사용해야 한다면 영양과 안전성 테스트를 충분히 거친 제품을 선택해야 한다. 절대로 천연이란 하나의 단어에 집착해서는 안 된다.

방부제가 들어간 음식, 먹이면 안 된다?

07

방부제에 대한 지독한 오해

2019년 5월, 24종의 반려동물 사료 중 22종에서 제품의 포장에 표기되지 않은 합성 방부제가 검출되었다. 국내외 대형 사료회사들이 언론에 오르내리자 회사마다 사료에서 검출된 방부제에 대해 다급히 입장을 밝히고 해명하기 시작했다. 반려동물을 내 아이처럼 여기는 보호자들은 배신감에 치를 떨었고, 더 이상 사료회사를 믿지 못하겠다고 울분을 토해냈다.

보호자들은 한 가지 사실이 매우 알고 싶을 것이다. 도대체 방부제가 뭘까? 방부제가 정말 그렇게 무서운 존재일까? 인공 합성한 방부제와 천연 추출 방부제는 무슨 차이가 있을까? 그리고 사료 속에 첨가한 방부제는 반려동물에게 안전할까?

방부제는
무서운 독?

방부제라는 단어만 들어도 얼굴을 찌푸리는 사람이 대부분일 것이다. 신문, 방송 등 언론에서 방부제, 화학합성물, 조미료를 독인 것처럼 인식시켜 손만 닿아도 무섭다고 여기는 것인데, 사실 방부제는 그렇게 무서운 존재가 아니다.

앞에서 밝혔듯이 모든 화학 성분이 몸에 좋은 약이 될지 독이 될지 결정하는 것은 '용량'이다. 방부제 역시 마찬가지다. 방부제의 기능과 연구개발 과정, 그리고 규칙적 사용을 이해한다면 방부제에 대한 시각이 달라질 것이다.

방부제에 대해 자세히 알아보기 전에 확실히 말해두고 싶은 건 나는 방부제를 판매하는 사람도, 반려동물 사료회사나 식품회사의 직원도 아니라는 사실이다. 단지 영양학자이자 수의사로서 객관적인 정보만 제공할 생각이다. 그러니 마음을 열고 방부제가 무엇인지 이해하고, 사용할 때는 어떤 주의를 기울여야 하는지 알아보도록 하자.

모든 식품과 제품에는
거의 방부제가 들어 있다

방부제는 미생물의 성장을 지연시키거나 화학 변화로 인한 부패를 막기 위해 첨가하는 천연 또는 인공 합성된 화학 성분으로, 보존제와 산화방지제로 나눌 수 있다. 식품뿐 아니라 미생물 또는 외부환경과 접촉해 변질될 수 있는 것, 장기간 보관이 필요한 화장품, 약, 심지어 염료에까지 방부제가 들어 있다. '즉시 사용하기 위해 만든' 제품이 아니라면, 모든 제품에는 방부제가 들어 있다.

방부제의 기능은 말 그대로 부패 방지다. 물건을 장기간 사용하기 위해 상하지 않도록 첨가하는 것으로, 나는 방부제가 매우 인간적이며 편리한 발명이라고 생각한다. 현대인의 일상생활은 매우 번잡해 '오늘 먹을 것은 오늘 재배한다'라는 개념을 적용할 수 없다. 그런 이유로 방부제가 만들어졌다. 이로 인해 지금 먹을 것을 지금 재배하지 않더라도 지금 재배한 것처럼 먹을 수 있거나 아니면 최소한 상하지 않은 제품을 먹을 수 있게 되었다.

음식이 상하는 이유는 주로 두 가지다. 하나는 세균과 곰팡이의 성장 때문이고, 하나는 성분의 산화 때문이다. 그래서 방부제도 두 가지 종류로 나뉜다. 하나는 미생물의 성장을 억제하고 미생물이 자라지 않게 하는 보존제이고 또 다른 하나는 항산화 성분으로 주로 지방 성분의 산화 작용을 억제하는 산화방지제이다. 보존제와 산화방지제는 다른 분류지만 대부분의 사람들이 같은 것으로 생각한다. 하지만 하는 역할은 분명히 다르다. 일반적으로 건사료는 수분이 적어 미생물이 잘 자라지 않기 때문에 보존제를 첨가하는 경우가 적다. 하지만 기름이 들어 있어 항산화 작용을 하는 산화방지제는 반드시 필요하다.

그래도 방부제를 피하고 싶다면

생각했던 것보다 방부제가 모든 곳에 쓰여 당황스럽겠지만, 방부제는 인간의 필요에 의해 만들어졌다. 그래도 방부제를 최대한 피하고 싶은 이들을 위해 방부제 외에 방부 효과를 낼 수 있는 4가지 방법을 소개한다.

1. 냉장 또는 냉동

온도가 낮아지면 미생물이 자라는 속도와 기름이 산화되는 화학 반응이 느려져 방부 효과를 낼 수 있다. 그러나 온도를 낮추는 방법은 부패하는 시간을 지연시킬 뿐 부패를 완전히 막을 순 없다. 다시 말해 냉동을 하더라도 시간이 길어지면 부패하는 것은 똑같다. 사람들은 냉장고나 냉동고에 넣어두면 영원히 변치 않을 거라 생각하지만, 단지 속도만 늦출 뿐 부패하는 것을 막을 수 없다. 따라서 모든 식품은 보존 기간에 주의하고, 주기적으로 냉장 · 냉동고를 정리해야 한다.

2. 진공포장

미생물이 성장하고 기름이 산화하는 데 꼭 필요한 것은 '산소'다. 따라서 산소를 차단하고 진공 상태를 유지하면 부패가 일어나지 않는다. 그러나 단점이 있다. 진공 상태를 계속 유지하기 어렵고, 일단 포장이 열리면 더 이상 진공 상태가 아니다. 당연히 방부 효과도 끝이 난다. 이런 이유로 진공포장된 사료에도 방부제를 첨가한다. 포장이 열려도 상하지 않도록 넣는 것이다.

통조림도 진공포장의 형태 중 하나다. 일반적으로 통조림을 밀폐한 후 살균하는 방부 보존법은 가장 안전하고 실온에서도 매우 오래 유지될 수 있다. 통조림 안에는 공기와 세균이 없어서 개봉하지 않는다면 미생물이 생장하지 못하고 화학 변화도 거의 없다. 그러나 일단 개봉하거나 구멍이 생기면 바로 부패가 진행된다. 통조림은 물 함량이 높은 고영양분이라서 미생물이 빠른 속도로 생장한다. 그러므로 일단 통조림 뚜껑을 열면 최대한 빨리 먹어야 하며, 남은 음식은 밀봉해 냉장 보관을 해야 상하는 것을 막을 수 있다. 산소 없이 살 수 있는 혐기성 세균인 보톡스는 통조림에서 자라기 때문에 통조림 뚜껑을 열지 않았는데 부풀어 오르거나 끓어오르는 냄새가 나면 안전을 위해 절대 먹지 말아야 한다.

3. 건조

건조하는 방식은 미생물이 자라는 것을 억제하는 방법으로, 건사료를 제조할 때 주로 사용한다. 수분 함량이 매우 낮으면 미생물이 자라지 못하거나 성장 속도가 느려져 방부 효과가 난다. 따라서 건사료의 수분 함량은 10% 이하로 유지되어야 한다. 보존 방식도 매우 중요하다. 사료 포장지에 '건조하고 서늘한 곳'에 보관하라는 경고문을 넣는 이유는 습한 곳에 사료를 두면 식품의 수분 함량이 증가하기 때문이다. 일단 곰팡이가 생장할 수 있는 수분 함량이 되면 건사료의 방부 효과는 사라진다. 곰팡이는 세균보다 낮은 습도에서 더 잘 생장하기 때문에 식빵처럼 대부분의 음식에서 세균보다 곰팡이가 더 쉽게 나타난다.

사료에는 생물의 성장에 필요한 영양소가 골고루 들어 있어 미생물이 쉽게 번식한다. 수분 함량을 낮게 유지하면 미생물의 성장을 억제할 수 있지만, 지방의 산패는 막을 수 없다. 불쾌한 냄새를 풍기는 지방의 산패는 일종의 산화 과정으로, 이를 예방하기 위해서는 산화방지제가 필요하다. 여기에서 말하는 산화는 우리가 자주 말하는 '항산화제의 산화'와 같은 뜻이다. 그래서 사료에 사용된 산화방지제는 항산화제로, 지방의 산패를 막는 역할을 한다.

4. 기타 방부 방식

설탕이나 소금에 절여 굽는 것도 흔히 방부 효과를 낼 수 있는 방법이다. 건조와 같은 방법으로, 음식물 내 수분의 함량이 낮을 때 미생물이 느리게 자라거나 자라지 못하는 원리를 이용해 미생물의 성장을 억제한다.

사료에 사용하는 방부제의 **실체**는 **항산화제**다

건사료에 사용하는 방부제는 산화방지제다. 이는 노화를 막을 수 있는 항산화제와 같은 기능을 한다.

항산화제의 주된 기능은 스스로 산화하면서 다른 물질들이 산화되지 않도록 막는 것이다. 음식에서 가장 흔히 나타나는 산화 작용은 지방에서 발생한다. 지방, 특히 불포화지방은 공기 중의 산소를 만나 산화작용을 일으키는데, 이때 나는 기름 냄새는 건강에 좋지 않다. 냄새보다 더 심각한 문제는 지방이 산화되면서 '자유기(Free Radical)'라는 화학물질들이 생기는 것이다. 자유기는 활성이 매우 강해 세포에 손상을 입힐 수 있고 염증, 노화, 발암 등의 문제를 일으킬 수 있다. 이를 방지하기 위해 식품영양학자들은 더 강력한 항산화제를 개발하기 위해 노력하고 있다.

천연 항산화제는 안전하다?

항산화제는 산화를 방지하는 물질을 총칭하는 말로, 천연 항산화제와 화학 항산화제 두 종류로 나뉜다. 천연 항산화제는 자연계에 원래부터 존재해온 항산화 작용을 하는 천연물질이고, 화학 항산화제는 자연계에서 찾을 수 없어 인공적으로 합성해 만든 성분이다.

천연 항산화제는 자연에 원래 있던 성분으로 비타민 C, 비타민 E(Mix Tocopherols), 구연산(Citric Acid), 베타카로틴, 녹차 추출물, 로즈메리 추출물 등이다. 천연에 있는 항산화 성분이라 비교적 안전하다고 생각되지만 주의할 점이 있다. 첫째, 천연 항산화제는 항산화 능력이 인공적으로 합성된 화학 항산화제보다 약한 편이라 식품을 온전히 보존할 수 있는 기간이 짧다. 둘째, 우리는 보통 '천연은 안전하다'라고 생각하지만, 사실 천연이 안전하다고만 할 수는 없다. 자연계에 수많은 독초와 독사가 존재하듯 자연계의 천연 화합물에도 독이 들어 있다. 하지만 독초도 제한된 사용량을 엄격하게 지켜 사용하면 우리 몸에는 약이 된다. 예를 들어, 명탐정 코난에서 흔히 독약으로 사용하는 아몬드 냄새가 나는 시안화물(청산가리)은 사실 한의학에서 사용하는 행인(杏仁)이라는 약재에 들어 있는 독성물질이다. 행인차를 마시면 기침을 낮추는 효과가 있는데, 그 이유가 바로 행인에 들어 있는 소량의 시안화물이 호흡기에 있는 세균을 사멸시키고 감염을 완화해주기 때문이다. 하지만 시안화물은 독이라서 너무 많이 먹게 되면 천연의 성분이더라도 결국 몸에 독이 된다.

대표적인 천연 항산화제인 비타민 C는 인간이 몸 안에서 스스로 합성할 수 있는 능력이 없기 때문에 매일 식품을 통해 보충해야 한다. 일일 섭취 권장량은 100mg으로 너무 많이 먹으면 오히려 비뇨기 결석을 유발한다는 연구 결과가 있다. 개와 고양이는 인간과 다르게 비타민 C를 스스로 합성할 수 있다. 그래서 개와 고양이에게 비타민 C가 들어 있는 음식을 제공하면 비타민 C를 과량 섭취하게 되어 결석에 걸릴 수 있다. 소변 속에 결정이 많다면 비타민 C가 첨가된 사료를 최대한 먹이지 말아야 한다.

방부 효과가 뛰어난 화학 항산화제

인공적으로 만든 화학 항산화제는 자연계에 없는 성분이기 때문에 추출 방식으로는 얻을 수 없어 생화학자와 식품학자의 노력으로 개발된 화학 성분이다. 사료 포장에서 흔히 볼 수 있는 부틸 하이드록시 아니솔(BHA), 부틸 히드록시 톨루엔(BHT), 부틸 하이드로 퀴(TBHQ), 프로필 갈레이트(Popyl Gallate), 에톡시퀸(Ethoxyguin) 등이 바로 그것이다.

화학 항산화제를 대량 생산해 사료에 사용하는 이유는 천연 항산화제보다 항산화 효과가 더 뛰어나기 때문이다. 현재 사용하고 있는 화학 항산화제는 조금만 사용해도 지방의 산화를 방지하는 효과가 크고 지속력이 강해 사료를 더 오랫동안 안전하게 유지할 수 있다. 그렇다면 이렇게 효과가 뛰어난 인공적인 화학 성분이 몸 안으로 들어가면 무슨 문제를 야기하지 않을까? 그 해답도 역시 '양'에 달려 있다.

독이 되거나
약이 되거나

독리학의 아버지 파라켈수스는 "모든 화학물질에는 독이 있고, 세상에는 독이 없는 화학물질은 없다. 하지만 사용하는 양의 많고 적음에 따라 구분된다"라고 말했다. 즉 합성된 화학 성분이든 천연의 화학 성분이든, 화학 성분이 안전한지 아닌지 안전성의 여부는 양이 결정한다. 기능도 양이 결정한다.

독리학 학자들과 식품영양학 전문가들은 인공적으로 만든 화학 항산화제가 우리 몸에 들어와 어떠한 부정적인 작용을 하는지 증명하기 위해 많은 실험을 진행했다. 수많은 동물을 대상으로 식품에 첨가할 수 있는 화학물질을 일일이 투약하면서 안전한 사용량을 결정했다. 다시 말해 아무리 항산화 효과가 좋은 화학 항산화제라 하더라도 안전성 연구 결과에서 몸에 나쁜 영향을 끼치면 음식에 사용하지 못한다. 안전성 검사에서 연구 대상에 나쁜 영향을 전혀 주지 않는 사용량이 정해지면 그 양을 바탕으로 다시 사람이나 반려동물에게 안전한 사용량을 정한다.

아직까지 독성학 수업 중에 들었던 말이 기억난다. "연구를 통해 인공적으로 합성한 화학 성분이 연구하지 않은 천연물질보다 훨씬 더 안전하다. 많은 연구를 통해 화학 성분의 안전한 사용량에 대해 인지하게 되면서 정부는 식품업자들에게 제한된 사용량을 지키도록 요구하고 있다. 반면 천연물질에는 독이 될 수 있는 물질이 많은데, 안전성 검사를 하지 않은 이상 어떻게 안전하다고 얘기할 수 있나?"라는 이야기다.

우리가 안전하다고 생각하는 것들이 실질적으로는 안전과 거리가 멀 수 있다. 그러므로 '천연의 것은 모두 좋다'라는 말은 절대 진실이 아니다. 천연이든 천연이 아니든 연구를 통해 안전한 사용량을 확인한 후 그것을 엄격히 지켜 사용하는 것이야말로 안전하다.

Dr. Tammie TIP

"사료회사들은 사료에 넣는 방부제의 총량을 몰라서는 안 돼요!"

사료에 사용하는 화학 항산화제는 대부분 실험을 통해 안전하다는 것이 검증되었다. 사용량 또한 엄격한 규범에 따라 사용되고 있다. 하지만 에톡시퀸과 같은 몇몇 화학 항산화제는 사용한 뒤 간수치가 상승하는 부작용이 나타나기도 했다. 이에 1997년, 미국 FDA(Food and Drug Administration, 미국식품의약국)는 반려동물 사료에 에톡시퀸을 사용할 경우 75ppm(0.0075%)의 기준을 넘지 않도록 제한했다. 그리고 과거에 사용하던 이산화황(Sulfur Dioxide)도 비록 독성은 현저히 낮지만, 식품 중에 함유된 비타민 B_1을 파괴시켜 결핍을 유발하기 때문에 현재는 거의 모든 사료회사에서 사용하지 않고 있다.

부틸 하이드록시 아니솔, 부틸 히드록시 톨루엔, 에톡시퀸은 암을 유발할 수 있다는 견해로 아직까지 논쟁이 되고 있지만, FDA는 이러한 화학 항산화제를 GRAS(Generally Recognized As Safe, 일반적으로 안전하다고 인정하는 물질)로 인정했다. 다시 말해 이런 방부제들은 전문가들의 연구를 통해 안전하다고 인정된 물질이다. FFDCA(Federal Food, Drug and Cosmetic Act, 연방식품의약품화장품법)에서는 식품첨가제의 잔류 허용량을 제한하고 있는데, GRAS에 속하는 방부제는 이러한 규정을 따르지 않아도 된다. 따라서 GRAS에 속한 방부제를 사용할 때는 사용량의 제한이 없지만, FDA에서는 식품에 사용한 모든 방부제를 합쳤을 때 총량 200ppm 이하로 권장하고 있다.

사료 포장에 인공 방부제 성분을 언급하지 않았다고 해서 정말 첨가되지 않는 것은 아니다. 2019년 5월, 국내에서 판매하는 사료 24종 중 22종의 사료에 합성 방부제가 첨가되어 있다는 사실이 보도됐다. 여기서 말하는 합성 방부제는 인공 화학 방부제와 정의가 다르다. 합성 방부제는 천연에 있는 방부제도 될 수 있지만, 대량으로 생산하기 위해 화학적으로 합성하여 만든 것이다. 예를 들어 비타민 C는 천연 음식 중에서 비타민

C를 추출한 '천연' 비타민 C가 있고, 화학 반응을 거쳐 만드는 '합성' 비타민 C도 있다. 사실 천연이나 합성이나 그 화학구조가 똑같기 때문에 어떤 것이 더 좋다고 얘기할 수는 없다.

해당 사건을 보면 사료에 합성 방부제가 첨가됐다는 사실을 사료 포장에 언급하지 않아 상당수의 보호자들이 해당 업체들을 신뢰하지 않게 되었다. 사료회사들은 언론이나 SNS에 자신들이 인공 합성 방부제를 넣지 않은 이유를 설명하며, 원료를 구매할 때 원료 업체에서 원재료의 부식을 피하기 위해 원료 안에 방부제를 첨가했다고 주장했다.

이중 검출된 합성 방부제는 부틸 하이드록시 아니솔, 부틸 히드록시 톨루엔, 에톡시퀸과 소르빈산이었다. 사실 이 몇몇 방부제들은 미국 FDA가 인증한 GRAS이기 때문에 사료에 사용해도 안전하다고 생각할 수 있지만, 사료에 첨가할 때는 반드시 안전한 허용 범위 내에서 사용해야 한다. 방부제 총량을 합산했을 때 200ppm을 넘을 경우 사람들은 이러한 합성 방부제가 반려동물의 건강에 악영향을 미칠 수 있다고 생각할 수밖에 없다.

나는 개인적으로 이것을 매우 의미 있는 뉴스이자 사료회사에 대한 경고라고 생각한다. 사료회사들은 엄격한 잣대로 재료를 선정해야 하며, 방부제를 대량으로 사용하지 않아야 한다. 특히 사용하는 재료에도 방부제가 얼마나 들어 있는지 반드시 확인해야 한다. 그리고 제품을 완성한 후 검측할 때 자신들의 사료 안에 얼마나 많은 방부제가 들어 있는지 알아야 한다. 사료회사들은 반려동물의 건강과 안전을 지킨다는 사명감을 가지고 제조해야 좋은 사료회사로 거듭날 수 있다. 사실 사료회사뿐 아니라 반려동물 식품을 제조하는 모든 회사가 이를 명심해야 한다.

사료를 리콜하는 회사는 믿을 수 없다?

08

사료 리콜은 왜 자주 발생하나?

2019년 설날, 갑자기 한 기자로부터 연락을 받았다. 미국의 유명한 사료회사 몇 곳이 비타민 D를 과다 투여한 사료를 회수하고 있다며, 반려동물이 비타민 D를 과량 섭취하면 어떤 문제가 발생하는지 물었다. 미국 AAFCO에서 발표하는 섭취량 가이드라인에는 최대 권장량이 소개된 영양소가 거의 없는데, 비타민 D는 최대 권장량이 있다. 그만큼 비타민 D를 과다 섭취하면 위험하다는 이야기다.

비타민 D는 지용성이다. 즉 물에 녹지 않기 때문에 과하게 먹어도 바로 몸 밖으로 배출할 수 없다. 결국 지방이나 간에 누적되어 치명적인 결과를 불러일으킨다. 가볍게는 구토, 식욕 상실, 음수량 증가, 오줌 배출량 증가 등의 증상이 나타날 수 있다. 하지만 장기간 비타민 D를 과다 섭취하면 신부전뿐만 아니라 사망에까지 이를 수 있다. 다행히 이번 사건은 일찍 발견되어 문제가 된 사료회사 스스로 조사하고 리콜했기 때문에 큰 사고로 번지지는 않았다.

반려동물을 키우는 보호자들은 사료회사를 평가할 때 리콜을 한 적이 있거나 리콜의 빈도가 많은 회사는 믿을 수 없는 회사라고 생각한다. 리콜 빈도가 높은 사료회사가 나쁘다는 것에 동의하지만, 단순히 리콜해본 적이 있는 것과 없는 것으로 사료회사를 평가한다면 어떤 것이 반려동물에게 더 나쁠까?

강제리콜과 자진리콜 /

사료회사가 자체적인 품질 기준으로 리콜을 했다면 이는 매우 합리적이고 정상적인 행위다. 사실 우수한 사료회사는 제품을 출하하기 전에 반드시 검사를 진행해 이상이 있는 제품을 발견해내야 하지만, 사람이 하는 일인 이상 실수가 없을 순 없다. 특히 원료들의 출처가 모두 다르다면 문제가 발생할 기회는 점점 더 많아진다. 리콜에 대해 더 자세히 논의하기 전에 리콜 제도에 대해 알아보도록 하자.

사료회사가 리콜하는 방식은 두 가지로 나뉜다. '강제리콜'과 '자진리콜'이며, 이 둘의 차이는 다음과 같다.

• **강제리콜**

사료회사가 스스로 문제를 발견하는 것이 아니라 공공기관과 같은 비사료회사가 검사를 하면서 안전 의혹이 발견되어 강요에 의해 하는 리콜이다. 대부분 소비자들에 의해 진행된다. 자신의 반려동물에게 사료를 먹였더니 불편해하여 추적한 결과 사료에 문제가 있다는 것을 알게 되는 경우로, 정부가 공권력을 사용해 사료를 강제로 리콜한다. 그러나 요즘에는 정부기관이 나서서 리콜하는 사례는 드물다.

• **자진리콜**

현재 거의 모든 사료 리콜은 사료회사가 자발적으로 시행하는 자진리콜이다. 사료회사가 자체 검사를 실시하다 문제가 있는 것을 발견하여 리콜하는 것으로, 여러 나라에 사료를 수출하는 글로벌 사료회사에서 비교적 쉽게 발생한다. 각국 현지 법규에 맞춰 사료를 검사할 때 그동안 점검하지 못했던 문제점을 발견하게 되는 것이다. 위에서 언급한 비타민 D 리콜 사건도 자진리콜에 해당한다. 어떤 반려견이 문제가 된 사료를 먹고 나서 건강에 이상이 생겨 조사하자 캔에서 비타민 D 함량이 높게 나온 것을 발견해 사료회사가 스스로 내부 조사를 거쳐 제품을 회수한 사례다.

엄격하고 깐깐한 사료 검사

필자가 사료회사에 근무하기 전에는 사료 한 봉지를 제조해 판매하기까지 여러 차례 검사가 진행된다는 사실을 솔직히 알지 못했다. 원료 추출 검사부터 제조 후 검사까지 수출과 수입 과정을 합치면 적어도 4번 이상 검사를 진행한다. '이렇게 많은 검사를 하기 때문에 수입 사료가 비싸질 수밖에 없겠구나'라는 생각이 들 정도였다.

사료회사에 근무하면서 법규상 미국보다 한국의 사료 관리가 더 엄격하다는 것을 발견했다. 사료를 수입할 때 미국 회사가 제공한 자료 외에도 한국 정부가 승인한 실험실에서 각종 검사를 더 진행한 뒤 검사 결과 보고서를 제출해야 했다. 그래야 통관이 가능하다. 공교롭게도 내가 사료회사에 입사하기 전에 한국은 법을 개정해 반려동물 사료의 검사 등급을 사람이 먹는 음식 수준으로 높여 놓았다. 그래서 몇 가지 기본적인 영양소 검사를 제외하더라도 중금속, 병원균, 그리고 방사능 함유량 검사는 사료회사의 필수 '자체 검사'가 되었다.

사료회사가 정기적으로 어떤 항목은 3개월에 한 번, 어떤 것은 6개월에 한 번, 어떤 것은 1년에 한 번 자율적으로 검사하도록 법규에서 정했지만, 사실 정부에서 사료회사가 '자기 점검 프로그램'을 일일이 하고 있는지 점검하지는 않는다. 그래도 자체 검사를 빠뜨리지 않고 하는 이유는 정부에서 불시에 찾아와 샘플 검사를 하고, 법규에 따라 자율 검사를 하는지 확인하기 때문이다. 뿐만 아니라 정기적으로 사료회사에 대해 랜덤 검사를 실시한다. 사료를 가져가 정부의 실험실에서 사료회사가 제공한 영양 성분량이 실질적으로 일치하는지 검사하며, 샘플 검사를 통해 위험요소가 존재하는지도 조사한다.

책임 있는 사료회사는 수입에서 판매까지만 검사를 진행하는 것이 아니라 원료를 받을 때 사료 공장에서 샘플을 채취해 원재료에 문제가 없다는 것을 확인한다. 그리고 사료 생산이 완료되어 출하되기 전에 다시 샘플링 검사를 진행한다.

그런데도 왜 리콜을 하게 될까?

이렇게 번잡하고 많은 검사를 진행하는데도 왜 리콜이란 사태를 맞게 될까? 원인은 다음과 같다.

1. 공급되는 재료의 품질 오류

대량으로 사료를 생산할 때 발생하는 상황으로, 정상적으로는 공급업체가 동일한 제품을 제공해야 한다. 그러나 갑자기 수요가 늘어나거나 생산이 많아지면 원래 공급하고 있는 동일한 제품이 모자라게 되어 다른 공급원을 찾아야 하는 상황이 발생한다. 공급원이 많아질수록 문제가 생길 수 있는 가능성이 커지는 것이다. 이런 문제는 식재료뿐 아니라 비닐봉지, 뚜껑 등 포장에서도 발생할 수 있다. 사료회사는 모든 공급업체가 제공하는 재료들이 모두 똑같은 조건과 품질을 갖추었는지 확신할 수 없다. 특히 장기간 협력관계를 맺고 있는 공급업체라면 비용 발생의 문제로 샘플 검사의 빈도가 낮아져 문제가 발생하게 된다. 한 예로 통조림 내 중금속 함량이 높아진 경우가 있었는데, 조사 결과 통조림캔 공급 업체의 실수로 밝혀졌다.

2. 인위적인 실수

대형 사료회사는 사료 제작을 모두 자동화해 컴퓨터를 통해 원료의 사용량을 정밀하게 통제한다. 하지만 컴퓨터 조작도 사람이 하기 때문에 실수나 주의 소홀로 인해 문제가 발생한다. 비교적 작은 규모의 사료회사는 사람이 직접 조작하는 경우가 많아 기계만 사용하는 회사보다 오염의 기회가 늘어나고 인위적인 실수 가능성도 증가한다. 그러나 나는 회사의 규모로 안전성을 평가해서는 안 된다고 생각한다. 오히려 작은 회사는 실수가 발생할 확률이 높아 사료의 원료부터 제작 과정까지 꼼꼼하게 관리하여 높은 안전기준을 유지하는 편이기 때문이다.

3. 보존 환경의 부주의

사료 제조 전후의 저장 공간과 보존은 무엇보다 중요하다. 사료를 안전하게 만들어 판매하려면 사료의 원료 보존이 잘 돼야 하고, 사료 제조

이후에는 사료의 운송 및 보존 환경이 잘 갖춰져야 한다.

일반적으로 건사료는 모든 식재료를 가루로 만든 후 반죽해야 하기 때문에 사료회사는 가루로 된 원료를 직접 구매하는 경우가 많았다. 하지만 요즘 들어 소비자들이 사료에 사용하는 원료에 대해 관심이 부쩍 많아져 많은 사료회사들이 직접 신선 재료를 구매해 자체 가공하고 있다. 예를 들면 닭가루(Chicken Meal)보다 신선한 식재료인 닭을 사용한 사료를 더 선호하기 때문이다.

여기서 문제는 건사료를 만들려면 먼저 재료를 다 가루로 만들어야 한다는 것이다. 신선한 식재료를 건조해서 다시 가루로 만들어야 하는데, 신선한 식재료의 경우 수분 함량이 높아 세균이 쉽게 자라 부패하기 때문에 운반 과정에서부터 반드시 저온의 보존 환경이 확보되어야 한다. 그렇지 못할 경우 신선한 식재료를 사용할 때 결과는 더 나쁠 수 있다. 반대로 가공된 닭고기 가루는 수분 함량이 낮아 세균이 잘 자라지 않는다. 하지만 이것도 무조건 안전하지는 않다. 보관할 때 건조한 환경을 유지하지 못하면 분말 형태의 재료가 부패하거나 곰팡이가 빠르게 생길 수 있다.

대개 비진공으로 포장된 건사료에는 의도적으로 만든 통기 구멍이 있다. 이는 사료를 운반하는 과정에서 압출로 인해 폭발하지 않도록 만든 것이다. 이처럼 대부분의 사료는 밀봉하지 않기 때문에 저장하는 공간이 매우 중요하다. 습기와 온도가 너무 높으면 사료가 상하게 된다. 따라서 집에서 사료를 보관할 때는 개봉하지 않았더라도 건조한 환경에 두어야 한다.

통조림은 상대적으로 보존 환경이 그리 까다롭지 않다. 제조 시 밀봉한 후 높은 온도에서 살균하기 때문에 통조림 내부에는 공기가 없고, 무균 상태가 된다. 그래서 보존 환경이 통조림 안의 음식에 영향을 거의 미치지 않는다. 그러나 최근 쉽게 따지는 알루미늄 통조림의 입구 부분이 안전에 매우 취약하다는 사실이 밝혀졌다. 통조림은 수분 함량이 높으며 고영양 상태이기 때문에 외부환경과 일단 접촉하면 빠르게 부패한다. 따라서 밀봉이 무엇보다 중요한데, 통조림의 입구 부분은 힘을 주거나 비정상적인 압력이 가해지면 쉽게 갈라진다. 그러므로 통조림을 쌓아 보관할 때는 입구 부분을 특별히 주의해야 하며, 한 번 개봉했다면 빠르게 모두 먹이는 것이 가장 좋다.

4. 안전성 검사에서 빠지는 항목

사료회사가 안전성 검사를 자율적 또는 강제적으로 많이 진행하고 있지만, 검사하지 않는 항목이 있을 수 있다. 예를 들어 식재료에 금속이 들어간 경우 사료 공장에는 금속 탐지기가 있어 바로 금속을 찾을 수 있다. 하지만 비닐을 탐지할 수 있는 방법은 없기 때문에 식재료에 작은 비닐이 섞였다면 사료에 들어갈 확률이 매우 높다.

또한 현재 한국은 세균 검사 항목에 살모넬라균만 있을 정도로 세균 검사가 미흡한 편이다. 사실 요즘 미국에서 가장 많은 리콜의 원인은 살모넬라균보다 리스테리아에 의한 감염이다. 미국의 리콜 리스트를 보면 대부분 리스테리아 세균에 감염된 사료는 반습식 사료이거나 냉장 또는 냉동 수제 음식이다. 아직까지 한국에는 반습식 사료가 많지 않지만, 수제 간식이나 음식이 많아지는 추세이기 때문에 추가 검사를 할 필요가 있다.

자진리콜은 반려동물의 **안전**을 보장한다

반려동물을 키우는 보호자들은 사고가 전혀 나지 않고 리콜도 하지 않은 회사야말로 '최고의 사료회사'라고 생각할 것이다. 그러나 사람은 신이 아니기 때문에 누구나 실수를 할 수 있다. 개인적으로 1년에 한 번 이상 리콜하는 회사는 신뢰성에 문제가 있다고 생각한다. 자진리콜을 하든 강제리콜을 하든 리콜이란 것은 문제가 있다는 것을 반증하기 때문이다. 자주 리콜을 한다는 것은 사료회사가 기본적으로 안전 검사에 완벽히 대비하지 않았다는 의미이기도 하다. 하지만 종종 스스로 리콜하는 회사보다 더 신뢰할 수 없는 회사가 있다. 리콜을 한 번도 하지 않은 회사와 강제리콜을 해야 하는 상황에서도 모르쇠로 일관하는 사료회사다.

리콜과 신뢰성의 관계

2003년 대만에서는 수만 마리의 개가 한 회사의 사료를 먹고 아플라톡신(Aflatoxin)과 오크라톡신(Ochratoxin)에 중독되어 급성 신부전증을 일으켜 죽음까지 이르게 된 사건이 발생했다. 이 사건은 미국 사료회사의 태국 생산 공장에서 발생한 감염 문제로, 대만뿐만 아니라 한국에도 큰 파장을 일으켰다. 내 주변의 몇몇 강아지도 이 사건으로 사망할 정도로 큰 사건이었다. 그 당시 사고는 사료를 먹은 개들의 몸에서 신부전증 증상이 발생하면서 이슈가 됐는데, 그때에도 사료회사는 계속 부인으로 일관했다. 당시 대만의 한 수의사협회 이사장이 사료 검증을 통해 의혹을 제기했지만, 1년 후에야 비로소 사료회사가 잘못을 시인했고 죽은 개들의 보호자들에게 보상을 약속했다. 만약 그 사료회사가 처음 문제가 발생했을 때 자체적으로 검사하고 먼저 리콜을 했다면 수만 마리의 개가 죽는 일은 없었을 것이다. 이 사건은 수많은 보호자들이 사료회사를 불신하게 만든 역대 최악의 사건이다.

반려동물 사료회사뿐만 아니라 모든 회사들이 리콜을 하는 것은 스스로 잘못한 점을 인정하는 것과 마찬가지다. 하지만 이를 숨기기 위해 외면부터 하는 행동은 결국 더 심각한 문제를 초래할 수 있다는 것을 사료회사들은 꼭 기억해야 한다.

사료의 안전을 찾아가는 길, 로트번호

로트번호(Lot Number)는 동일한 조건에서 제조하거나 조립하여 동일한 특성과 품질을 갖는다고 판단된 제품군에 붙이는 고유 기호로, 이를 통해 제조와 유통 이력을 쉽게 확인할 수 있다. 사료의 안전기준을 제대로 준수하는 사료회사들은 사료를 제작할 때 로트번호마다 샘플 사료를 보관한다. 그러다 사료에 문제가 발생하면 똑같은 번호의 샘플을 찾아서 바로 검사한다.

습식 캔사료에 적힌 로트번호

재고관리코드(SKU NUMBER)

로트번호/데이트코드(LOT CODE / DATE CODE)

비밀스러워 보이는 로트번호는 해당 사료의 출생연도와 신분을 나타낸다. 로트번호가 있어야 사료회사들은 문제가 된 사료가 어디에서 제조되었는지 쉽게 추적할 수 있다. 누구의 손을 거쳤고 어떤 성분이 들어 있는지 출처를 밝힐 수 있다. 신뢰할 수 있는 사료회사는 동일한 로트번호를 가진 사료의 기본적인 안전 검사를 거친 후 출하한다. 그 뒤 사료에 문제가 발생했을 때 사료회사 내부에 있는 샘플 사료와 출하 준비 중인 같은 로트번호의 사료에 대해 검사를 진행한다.

로트번호는 HACCP(Hazard Analysis and Critical Control Point, 위해분석 중요단속점)의 일부라고 보면 된다. HACCP는 식품안전관리인증 기준으로 식품의 생산에서부터 제조, 가공, 보존, 유통을 거쳐 최종 소비자가 섭취하기 전까지 각 단계에서 다양한 위해요소가 식품에 혼입되거나 오염되는 것을 방지하기 위한 관리 시스템이다. 따라서 HACCP 인증을 받은 식품의 공장은 발생한 문제를 쉽게 찾을 수 있는 능력을 지니게 된다.

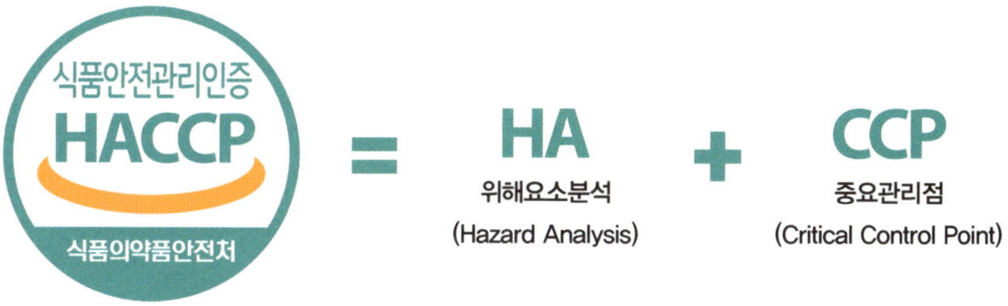

사료회사들은 이러한 능력이 없을 경우 사료에 문제가 있다는 것을 미리 알게 되더라도 회사 내부에서 문제를 찾을 수 없다. 특히 로트번호의 개념이 없는 회사라면 문제가 발생한 사료만 검사하게 된다. 따라서 어디에서 문제가 발생했는지 알기 힘들다. 오늘 만든 제품과 어제 만든 제품을 구별하기도 어려워 어디서부터 검사를 시작해야 할지 모른다. 로트번호를 잘 관리하는 회사는 리콜 시 특정된 문제 있는 번호를 추적하여 리콜을 진행한다. 반면 로트번호가 없는 제품에 문제가 생기면 판매하고 있는 해당 제품을 구별하지 못해 결국 다 회수할 수밖에 없다.

사료회사의 자진리콜을 독려해야 하는 이유 /

누구나 실수할 수 있다. 잘못을 알았을 때 바로 고치는 것이 무엇보다 중요하다. 사료회사의 자진리콜은 우리의 소중한 반려동물을 위한 가장 좋은 방식이며, 안전을 보장하는 것과 다름없다.

서울대 수의학과 4학년 때 동물병원에서 인턴을 한 적이 있다. 의약품 배합하는 일을 도왔는데, 이름이 비슷한 두 가지 약을 혼합하는 일을 하다 실수를 저지르고 말았다. 하나는 심장병 치료제이고, 다른 하나는 보조용 약이었다. 심장병 치료제는 정량보다 더 복용하면 사망에 이를 수 있는 반면 보조용 약은 제량이 중요하지 않다. 약물에 익숙지 않았던 나는 심장약을 보조약으로 착각해 잘못 배합했다는 사실을 나중에 발견했다. 매우 놀라 지난 진단서들을 찾아보니 정말로 약이 잘못 배합되어 있었다. 내가 배합한 약을 먹고 누군가 죽을 수 있다고 생각하니 손이 떨리고 진정되지 않았다. 즉시 주치의에게 말하고, 보호자와 연락을 취했다. 천만다행으로 아직 반려동물이 약을 먹지 않았다는 소식을 들었다. 깊은 반성과 성찰의 사과문을 쓴 뒤 새로 조제한 약을 가져가 보호자에게 90도로 허리 굽혀 사과했다. 당연히 심한 비평을 들을 거라 예상했지만, 보호자는 나를 용서하며 화도 내지 않았다. 이 일로 의료 행위가 얼마나 위험한 것인지, 실수했을 때 바로잡는 것이 얼마나 중요한지 깨닫게 되었다.

창피한 나의 실수를 굳이 말하는 이유는 큰 문제가 발생하기 전에 자발적으로 회수하는 회사에 감탄하고 있기 때문이다. 문제가 생겼을 때 스스로 문제를 인정하기란 여간 어려운 일이 아니다. 사료회사가 자가 검사에서 잘못될 우려가 있을 때 용감하게 리콜하는 것은 책임 있는 행동이다. 리콜은 최대한 하지 않는 것이 가장 좋지만, 문제를 발견했을 때 바로 스스로 리콜하는 행위는 격려해줄 만하다.

식품을 제조하는 회사는 그 제품을 이용하는 이가 사람이든 동물이든 간에 생명을 존중하는 태도를 가져야 한다. 식품 제조 과정부터 안전 검사까지 면밀히 살펴야 하고, 특히 돈 때문에 양심을 팔아먹는 행위는 하지 말아야 한다. 자신이 판매한 물건에 문제가 발생했음에도 불구하고 해결하지 않는 회사보다 리콜이라는 행동으로 스스로의 잘못을 인정하는 회사가 더 신뢰할 만하다. 따라서 리콜한 적이 있는 회사를 비난할 것이 아니라 오히려 스스로 문제를 발견하고 리콜하는 회사를 응원해야 한다.

Part 3

반려동물 음식에 대한
오해와 진실

“

잘못된 상식이
나의 반려동물을
아프게 한다!

”

음식 알레르기는 음식으로 치료된다?

09

음식 알레르기를 확진하려면 직접 먹어보는 수밖에 없다

미니 Q는 3살 난 털이 짧은 단모종 고양이다. 처음 만났을 때 온몸이 퉁퉁 부어 있었고, 몸에는 듬성듬성 털이 뽑혀 있을 정도로 성한 구석 하나 없이 상처투성이였다. 염증도 매우 심해 수의사로서 많은 임상경험을 가진 나조차도 상태를 정확히 파악하기 어려운 상황이었다.

미니 Q의 보호자는 원인을 음식 알레르기 때문이라고 생각해 여러 종류의 저알레르기 그레인 프리 사료(무곡물 사료)를 구입해 먹였지만, 소용이 없었다. 미니 Q는 계속해서 온몸을 밤낮으로 긁어댔다. 보호자는 도저히 눈을 뜨고 지켜볼 수 없을 정도로 가슴이 아파 영양 상담을 받으러 나를 찾아왔다. 하지만 나는 미니 Q와 보호자를 그냥 돌려보냈다. 미니

Q는 음식 알레르기로 발생된 문제가 아니었기 때문이다. 많은 보호자들은 반려동물이 몸을 긁어대면 알레르기라고 으레 생각한다. 그리고 알레르기는 음식으로 인해 발생했다고 생각하지만, 실제로 대부분의 피부 문제와 음식은 관련이 없다.

피부·혈액 검사 결과만 믿으면 안 된다

음식 알레르기는 우리가 생각하는 것보다 훨씬 적다. 통계에 따르면 알레르기가 있는 것으로 판명된 몇몇 반려동물 중 10~20%만 음식 때문이고, 대부분의 반려동물은 음식이 원인이 아니다. 따라서 보호자들은 사료를 알레르기의 주범으로 생각할 필요가 없다. 만약 자신의 반려동물에게 알레르기가 생겼다면, 동물병원을 찾아 수의사에게 검사를 받고 치료를 받아야 한다.

수의사가 피부나 혈액을 이용해 알레르기 여부를 검사하는 경우가 있는데, 이는 일부 가능성이 있는 알레르기원을 선별해내는 것에 불과하다. 검사로는 어떠한 음식이 알레르기를 일으키는지 확정지을 수 없다. 항체 검사에서 사용하는 것은 '단백질의 원형'이기 때문이다. 항체 검사는 음식에 있는 원래의 단백질 구조로 검사를 진행하는데, 실제 음식 알레르기를 일으키는 단백질은 입으로 들어가 위와 장에서 소화와 흡수가 진행된 단백질이다. 쉽게 설명하면, 음식이 몸 안으로 들어가 위와 장에서 소화된 후 발생하는 알레르기 성분은 단백질의 원형이 아니라는 이야기다. 몸에 들어온 단백질과 원래 음식의 단백질 구조가 다를 수 있기 때문에 양성이 나와도 진짜 알레르기가 있는지 없는지 확신할 수 없다.

뿐만 아니라 단백질 일부는 소화된 후 새로운 모양을 갖게 된다. 각각의 동물은 소화와 흡수력이 모두 다르기 때문에 흡수하는 신체의 단백질의 모양과 크기도 모두 다르다. 그러므로 피부나 혈액을 검사할 때 사용한 단백질의 모양이나 크기는 최종적으로 알레르기를 일으키는 물질과 다를 수 있기 때문에 피부나 혈액 검사상의 결과가 다르게 나타날 수 있다.

알레르기 검사 방법

알레르기를 검사하는 방법에는 피부 반응 검사와 혈액 항체 검사가 있다. 피부 반응 검사는 자주 알레르기를 일으키는 물질(음식물)에서 추출한 항원을 피부에 바른 후에 면역 반응을 관찰한다. 혈액 항체 검사는 혈액을 채취하여 특정 항체(IgE)를 측정하는 것이다. 검사 결과가 음식 알레르기의 진단에서 절대적인 판단 기준이 되지는 않지만, 환자의 자세한 병력의 보조적인 역할을 한다.

음식 테스트가 최선이다

피부·혈액 검사는 알레르기 여부를 알아보는 절대적인 검사가 아니다. 수의사의 혈액 검사 결과와 반려동물이 먹고 있는 음식을 통해 알레르기의 원인을 더 쉽게 판단할 수 있는 보조적인 검사이다.

음식 알레르기는 음식 안에 들어 있는 성분 중에서 주로 단백질이 몸에 흡수된 후 항체가 그 단백질을 '나쁜 물질'로 인식해 면역 반응을 일으키는 것이다. 원래 음식 안에 들어 있는 성분으로는 면역 반응이 일어나지 않는 것이 정상인데, '특정 단백질'에 대해 원하지 않는 염증 반응이 나타나 설사, 피부 트러블 등이 발생한다. 따라서 음식 알레르기는 음식으로 테스트해 원인을 찾아내는 것이 최선이다.

그렇다면 피부·혈액 검사를 왜 보조적인 검사로만 활용하는지 표를 보며 자세히 설명해보겠다.

예를 들어 똘이, 순이, 미미, 제리 네 마리의 반려동물이 있다고 가정하자. 한 종류의 음식(이하 'X'라고 통칭) 테스트에서 피부·혈액 검사를 통해 똘이, 순이, 미미는 음식 X에 대한 항체가 있어 알레르기가 있는 것처럼 결과(검사 결과는 양성)가 나왔다. 제리는 음식 X에 대한 항체가 없어 테스트에서 알레르기 반응이 없는 것처럼 결과(검사 결과는 음성)가 나왔다.

하지만 소화 후 결과를 다시 살펴보면, 각각 개체가 다른 소화 과정을 거쳐 똘이는 어떤 알레르기원도 발생하지 않았다. 그리고 순이와 미미는

개체	혈액 / 피부 항체 검사		소화 능력	소화 후 면역 반응 결과
똘이	양성(+) 면역 반응 有	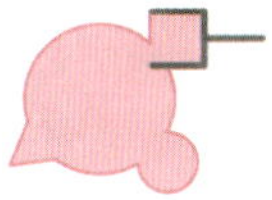	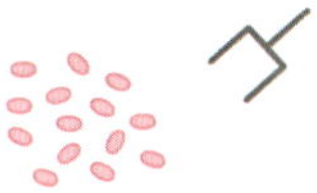	X 알레르기원 없어짐
순이	양성(+) 면역 반응 有	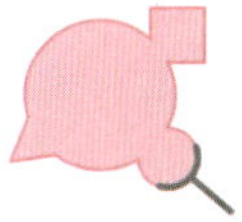	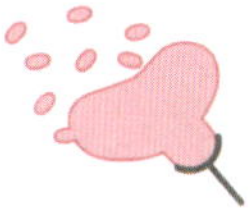	○ 알레르기원 있음
미미	양성(+) 면역 반응 有		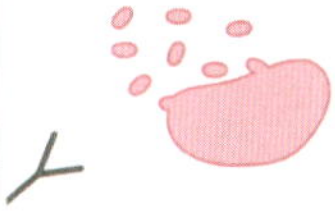	X 알레르기원 없어짐
제리	음성(–) 면역 반응 無			○ 알레르기원 생성

 단백질  분해된 단백질  각각 다른 항체

비록 '소화 능력'은 같지만, 순이의 경우 면역 반응을 일으키고 미미의 신체는 항체와 결합할 수 있는 성분이 남아 있지 않기 때문에 알레르기 반응을 일으키지 않았다. 제리는 비록 피부 · 혈액 검사에서 음식 X에 반응하지 않았지만, 소화 후에 항체와 결합할 수 있는 새로운 구조의 단백질이 형성되어 알레르기 반응을 일으켰다.

이처럼 일반적인 피부 · 혈액 검사는 음식 알레르기의 원인을 찾는 데 참고로만 사용할 수 있으며, 실제 어떤 음식이 알레르기를 일으키는지는 알 수 없다. 그저 먹고 난 후 반응이 있을 때만 알레르기 원인을 찾을 수 있다는 사실을 표를 통해 알 수 있다.

음식 알레르기 치료의 시작은 음식으로

정상적이고 건강한 소화 시스템은 단백질을 모두 아미노산으로 분해하거나 아주 작은 폴리펩타이드(Polypeptide, 3~100개의 아미노산으로 연결된 구조) 형태로 소화한 후 소장의 벽을 통해 몸으로 흡수한다. 이때 비정상적으로 크기가 큰 단백질은 소장 벽으로 흡수되지 못한다.

일반적으로 몸이 면역 반응을 일으키려면 4~5Da(Dalton, 달톤; 원자 질량을 재는 단위) 이상으로 단백질이 충분히 크고 항체와 결합할 수 있어야 한다. 즉 건강한 소장의 벽에선 큰 단백질은 흡수될 수 없다. 하지만 대다수의 음식 알레르기를 가진 동물들은 소화 능력이 현저히 떨어져 장벽이 흡수하는 부분에서 문제가 발생한다. 건강하지 못한 소화 시스템일 때는 건강할 때 흡수할 수 없었던 큰 단백질도 신체에 흡수되어 알레르기 반응을 일으키는 것이다.

그렇다면 방법은 하나다. 반려동물에게 음식 알레르기가 나타났다면 소화가 잘 되는 단백질을 포함한 음식을 제공해야 한다.

단백질을 작게 만들어 소화·흡수를 돕는다

어떤 단백질이 소화가 잘 될까? 단백질을 약하게 가열하여 조리하면 소화가 잘 된다. 가열하는 과정으로 인해 단백질의 구조 중 일부에서 연결(단백질 구조만 가지고도 책 한 권을 쓸 수 있으므로 여기선 간단히 '연결'이란 단어를 사용하여 설명한다)이 끊어지기 때문이다. 그러나 과도하게 가열하면 끊어진 단백질이 새롭게 연결될 수 있어 소화하는 것을 더 어렵게 만들 수 있다.

일반적으로 가열한 단백질 식재료는 가열되지 않는 식재료보다 소화가 잘 된다. 재료를 작고 세밀하게 써는 것도 쉽게 소화하는 데 도움을 준다. 통상적으로 사료를 제조하는 과정에서 첫 번째 단계는 모든 식재료를 분말로 만든다. 그래서 사료는 씹지 않아도 소화·흡수가 잘 된다. 이론적으로 보면 집에서 요리하는 음식보다 사료가 소화가 더 잘 된다고 볼 수 있다.

대표적인 예가 시중에서 판매하는 식품 알레르기 전용 처방사료다. 이 사료는 단백질 성분을 '가수분해(Hydrolyzed)'하여 매우 작은 단위로 만든 후 사료에 넣는다. 그래서 단백질을 제대로 소화하지 못하는 반려동물도 아주 쉽게 소화할 수 있다.

단백질이 아주 작으면 알레르기 반응이 일어나지 못한다. 단백질을 작게 분해해 아미노산과 폴리펩타이드로 흡수하게 되면 면역 반응이 일어나지 않는다. 당연히 알레르기 반응이 없다. 이것은 알레르기를 해결하는 매우 기본적인 방식으로, 정말 알레르기원이 음식이라면 이론적으로 처방사료는 증상을 완화시킬 수 있다. 3개월 이상 처방사료를 먹고도 증상이 완화되지 않는다면 음식으로 인한 알레르기가 아니라 복합적인 알레르기 반응을 의심해야 한다. 즉 단순히 음식 문제가 아니라는 이야기다.

음식 때문에 알레르기가 생기지 않았다면?

알레르기가 나타난 반려동물의 대부분은 알레르기 원인이 하나가 아니다. 환경 중의 화초, 진드기 등이 원인이 되어 알레르기 반응이 나타나는 것이다. 이럴 경우 다른 환경에 알레르기원이 있는지 알아보기 위해 혈액 검사나 피부 알레르기 테스트를 진행해보아야 한다.

또한 사료에 들어간 성분도 확인해야 한다. 사료에 꼭 넣어야 하는 성분인 방부제는 신체로 흡수된 후 단백질과 결합하면 알레르기 반응을 일으킬 수 있다. 사료회사에서 홍보한 것과 다르게 단백질이 아주 작게 분해되지 않은 상태로 사료를 만들었다면 처방사료를 먹어도 알레르기 반응이 일어날 수 있다. 그러나 방부제가 알레르기를 일으킬 가능성은 매우 적다.

Dr. Tammie TIP

"알레르기는 3개월 이상 치료해야 합니다!"

보호자들은 반려동물의 알레르기가 개선되지 않을 경우 수의사에 대한 믿음을 잃기 시작한다. 대부분의 보호자는 그 즉시 다른 병원을 찾는다. 수의사의 관점에서 보호자들에게 이야기하고 싶은 것은 '신체는 매우 복잡하고 질병은 더욱 복잡하다'는 사실이다. 음식 알레르기는 음식을 직접 먹여보는 방식으로 확인해야 한다. 이 방법을 통해 모든 문제 케이스를 찾아 치료하는 것은 매우 어려운 일이다. 특히 알레르기 증상은 통상적으로 3개월 이상의 시간을 들여 완벽하게 없애거나 원인을 확정한다. 이 기간에 병원을 바꾸면 새로운 수의사도 검사 결과와 자료만으로 알레르기의 원인을 추측하기 전에 먼저 검사를 시행할 것이다. 그렇게 되면 시간은 더 걸리고 반려동물의 건강은 더욱 장담할 수 없는 지경이 된다.

정말 반려동물이 낫기를 바란다면 음식물로 알레르기를 치료하는 기간에는 한 명의 수의사에게 전적으로 의뢰하고, 정확한 원인을 찾아 제대로 된 처방을 내릴 때까지 바꾸지 않기를 부탁한다. 믿지 못하고 자꾸 수의사를 바꾸는 것은 공든 탑을 무너뜨리는 결과만 만들 뿐이다. 반려동물을 더 이상 고생시키지 않기 위해서는 적극적으로 수의사의 지시에 따라 지속적인 검사를 시행해야 한다.

반려동물이 먹는 음식을 세세히 기록한다

음식 알레르기의 원인은 주식보다 간식에 있는 경우가 더 많다. 따라서 음식 테스트를 할 때는 반드시 테스트 음식 이외에는 어떠한 음식도 주지 말아야 한다. 실수로 주었다면 반드시 증상을 기록하고 관찰해야 한다. 알레르기를 악화시키는 음식이 발견되면 우선 다시 먹는 것을 피하고, 수의사가 성분 분석을 할 수 있도록 해야 한다.

나는 반려동물에게 알레르기가 있는 동안에는 처방된 사료나 주식을 제외하고 '단일 식재료'의 간식만 제공하도록 권한다. 단백질 음식은 피해야 하지만, 저단백의 채소나 과일은 상대적으로 안전하다고 보호자에게 제안한다. 음식을 테스트할 때는 알레르기를 일으키지 않는 것이 확실한 음식을 제외하고는 한 번에 한 가지 식재료만 테스트할 수 있다.

음식 테스트 방법

수의사가 음식 알레르기가 있다고 의심할 경우 다음과 같은 2단계에 따라 음식 테스트를 진행한다.

- **1단계**

먼저 음식 알레르기를 앓는 반려동물을 위한 전용 처방사료를 3개월 이상 먹인다. 이미 알레르기가 발병한 상태이므로 동시에 약물치료를 받아야 한다. 이 기간에는 다른 음식을 주지 말고 처방사료만 먹인다. 만약 음식으로 인한 알레르기일 경우 다른 음식 없이 음식 알레르기 처방사료만 먹이면 3개월 후에는 증상이 개선될 것이다.

• **2단계**

음식 알레르기 처방사료만 3개월 먹인 후 증상이 개선되면 식재료 테스트를 시작한다. 이때 한 번에 한 개의 식재료만 테스트할 수 있다. 보통 면역 반응 생성에 7일이 걸리기 때문에 처방된 사료를 주식으로 하는 것을 제외하고, 테스트하고 싶은 식재료를 적어도 2주에서 1개월 동안 매일 제공한다. 지속해서 주의 깊게 관찰하며, 그 기간 동안 증상이 악화하지 않는다면 안전한 것으로 본다. 그러나 만약 이 기간에 알레르기 증상이 나타나거나 알레르기 반응이 더욱 심각하게 나타난다면 이 테스트 식재료의 공급을 바로 중단한다. 그리고 이 테스트 식재료를 '알레르기를 일으키는 식재료'로 정한 뒤 일상생활에서 적극적으로 피해야 한다.

개인적으로 나는 강아지에게 음식 테스트를 할 때 특별히 싫어하지 않는다면 저당류 과일이나 채소로 시작하길 추천한다. 과일과 채소는 건강에 더없이 좋은 간식이기 때문이다. 식재료가 고기일 때만 먹으려 하는 고양이일 경우 과일과 채소에 관심이 없을 수도 있다. 이때는 검사가 무의미하다. 따라서 음식 테스트를 할 때는 영양이 좋고 반려동물들도 좋아하는 음식을 우선 테스트 대상으로 삼는 것이 좋다.

음식 알레르기는 매우 성가신 질병이다. 원인을 찾는 데도 오랜 시간이 걸리며, 완치하는 데도 긴 시간이 소요된다. 그러므로 조급해하지 말고, 우선 처방사료와 같이 증상을 완화시키는 음식을 제공한 다음 모든 종류의 식재료를 천천히 검사해야 한다. 음식 테스트에서 알레르기 반응이 나오지 않았다 하더라도 바로 마음대로 식단을 바꾸어서는 안 된다. 동시에 보습 등 피부 관리도 적극적으로 해야 한다. 알레르기 증상은 오랜 시간과의 싸움이다. 보호자와 반려동물에겐 힘들고 고된 싸움이며 수의사들에겐 좌절을 안겨주기도 한다. 그래도 완전히 낫게 하기 위해서는 집요하고 단호해야 함을 잊지 말아야 한다.

처방사료는 건강한 반려동물에겐 안 좋다?

10

건강해지는 길에 처방사료가 있다

샤오루 씨는 두 마리의 개와 함께 지내고 있다. 한 마리는 12살, 다른 한 마리는 4살이다. 그런데 최근 건강검진을 통해 12살인 반려견이 신장병에 걸린 사실을 알게 되었다. 다행히 초기에 발견해 병원에서 처방받은 신장병 처방사료를 먹이기 시작했다. 4살인 반려견은 원래대로 일반사료를 먹였는데, 두 마리의 개가 서로의 사료에 관심을 보이기 시작하더니 어느 순간부터 건강한 4살 반려견이 처방사료를 먹고, 신장병에 걸린 12살 반려견이 일반사료를 먹는 상황이 발생했다.

샤오루 씨는 두 마리 개 모두 걱정된다며 나를 찾아왔다. 신장병에 걸린 반려견은 처방사료를 먹지 않아 신장병이 더 나빠질 것 같고, 건강한 반려견은 처방사료를 먹어 오히려 문제가 생기지 않을까 하는 생각 때문이었다.

두 마리 이상 반려동물을 키우고 있는 보호자는 샤오루 씨와 같은 문제로 고민한 경험이 있을 것이다. 이러한 걱정거리에 대해 조언을 해주기 전에 근본적인 질문을 해보겠다. 먼저 처방사료는 무엇인가? 처방사료는 어떤 원리로 만들어진 것일까? 어떤 경우에 처방사료를 먹여야 하며 오랫동안 먹여도 괜찮을까? 이 물음의 답을 찾고 나면 걱정하던 부분은 해소가 될 것이다.

건강한 개들이 처방사료를 먹어도 될까?

처방사료는 사료에 '처방'이라는 단어가 붙어 약과 같은 느낌을 주지만, 사실은 그냥 날마다 먹어야 하는 음식이다. 결석 용해용 처방사료와 영양 보충을 위한 고영양 처방사료 등 특별한 질병의 치료 목적으로 영양의 불균형을 일으킬 수 있어 단기간만 주어야 하는 처방사료를 제외하면 대부분의 처방사료는 일반 음식처럼 먹여도 좋다. 따라서 샤오루 씨가 하는 걱정은 기우에 불과하다. 나는 오히려 신장병을 앓고 있는 개가 일반사료를 먹어 처방사료에 있는 영양소와 수명 연장 효과를 보지 못할까 봐 걱정이 되었다.

신장병 처방사료를 두 마리의 개에게 함께 먹이는 것은 가격이 비싼 것 외엔 어떠한 단점도 없다. 신장병 처방사료는 신장병을 가진 개를 치료하는 데 도움이 되며, 신장 기능의 퇴화를 늦추는 기능이 있어 신장병을 가지지 않은 개에게도 신장병 예방 효과가 있다. 특히 같은 집에서 키우는 개의 경우 한 마리가 신장병이 걸렸다면 나이 때문일 확률이 높지만, 그동안 먹였던 음식에도 문제가 있을 수 있기 때문에 아직 신장병이 발병하지 않은 개에게 신장병 처방사료를 먹이는 것은 나쁘지 않다.

처방받은 음식은 누구에게나 좋다

우리가 아플 때를 생각해보자. 아플 때 먹는 밥과 건강할 때 먹는 밥은 어떻게 다른가? 병원에 입원했다고 가정해보자. 병원에서 제공하는 식사는 환자의 질병에 따라 임상영양사의 기초 영양소 계산을 거쳐 영양소와 식재료를 조절해 만든다. 그 음식은 환자들에겐 평소 먹던 식사보다 '더 건강한 식사'다. 임상영양사는 증세에 따라 식재료와 영양소의 함량을 조절하지만, 기본적인 필수 영양소까지 고려해서 만들기 때문에 건강한 사람이 먹어도 전혀 문제가 없다. 다만 이렇게 만든 음식은 일반 음식보다 조금 싱거워 맛이 덜할 순 있다.

반려동물의 처방사료도 이와 다르지 않다. 질병에 따라 처방된 사료는 아픈 반려동물에게 '더 건강한 식사'다. 질병을 관리하기 위해 영양소를 조절한 것뿐이다. 아픈 반려동물도 신체의 기초대사를 유지하기 위해서는 기본적인 영양소 요구가 건강한 반려동물과 똑같다. 질병 때문에 조절된 영양소들도 권장 범위 내에서 구성되므로 건강한 반려동물에게 먹여도 전혀 문제가 되지 않는다.

장기간 먹여도 안전할까?

신장병에 걸린 반려동물은 신장 기능이 고장 났기 때문에 단백질을 많이 먹으면 신장에 부담을 준다. 따라서 단백질의 양을 줄여야 하지만, 단백질을 최소 필요량 이하로 제공하면 오히려 신장 상태를 더 악화시킬 수 있을 뿐 아니라 다른 신체 문제까지 유발할 수 있다. 그렇기 때문에 신장병 처방사료는 단백질의 '질'을 강화하고, 적은 양의 단백질에서 필수 아미노산을 충분히 제공한다. 신장 질환자를 위한 음식에는 염분과 인 등의 영양소도 일반 음식보다 감량해야 하지만, 이는 필수 영양소이므로 최소 권장량을 지켜야 정상적인 신진대사를 유지할 수 있다.

그렇다면 처방사료를 장기간 먹여도 괜찮을까? 처방사료의 목표는 질병의 치료가 아니라 질병의 악화를 막거나 예방하는 것이다. 즉 병을 더 이상 악화시키지 않는 것이 목표다. 특히 신장은 한번 망가지면 다시 회복할 수 없다. 완벽히 치료되거나 낫는 병이 아니기 때문에 신장병 처방사료는 장기간 먹어야 효과를 볼 수 있다. 어떤 사료회사는 처방사료를 만들 때 자신들이 만든 처방사료가 효과가 있는지 신장병에 걸린 동물을 상대로 임상실험을 한다. 뿐만 아니라 건강한 동물에게 장기간 먹이는 안전성 테스트(AAFCO Feeding Test)까지 진행한다. 이런 절차를 거친 처방사료는 안전성 검사를 하지 않은 일반 사료보다 반려동물에게 훨씬 안전하다고 할 수 있다.

앞에서 잠깐 언급했지만, 반대로 장기간 먹으면 안 되는 처방사료도 있다. 결석을 용해하도록 처방된 사료가 대표적이다. 결석을 용해시키기 위해 사료에 약물과 영양소의 중간쯤 되는 성분을 첨가해 소변을 조절하는 데 도움을 준다. 그러나 이 사료를 장기간에 걸쳐 먹으면 신체의 균형을 해칠 수 있어 수의사들은 결석이 용해되면 다른 사료로 바꾸기를 제안한다. 계속해서 먹이거나 처방사료가 필요한 상황이라면 반드시 수의사와 논의해야 한다. 처방사료를 장기간 먹여도 되는지, 만약 장기간 먹을 수 없다면 얼마나 오래 사용할 수 있는지를 반드시 체크해야 한다.

꼭 **동물병원**에서 처방사료를 **사야 할까**?

처방사료가 그냥 밥이라면서 왜 병원에서 사야 하냐고 많은 보호자가 물어본다. 혹시 이름처럼 '처방'이 필요해서 그럴까?

사실 처방사료는 처방이 필수가 아니라서 요즘 인터넷에서도 쉽게 구입할 수 있다. 하지만 가능하면 전문 수의사의 의견에 따라 처방사료를 선택하는 것이 더 좋다. 그 이유는 다음과 같다.

임의로 먹인 처방사료가 질병을 악화시킬 수 있다

첫 번째, 내 반려동물의 상태는 주치의가 가장 잘 안다. 반려동물이 신장병에 걸리면 환자의 상태와 음식물 섭취량에 따라 칼륨이 부족할 때도 있고 칼륨이 과다한 경우도 있다. 수의사가 혈액 검사를 통해 혈중에 칼륨이 부족한 것을 발견하면 처방사료로 보충할 수 없는 칼륨 영양제를 별도로 처방한다. 즉 수의사가 환자의 몸 상태를 가장 잘 알고 있기 때문에 수의사의 의견과 처방을 따르는 것이 좋다.

두 번째, 보호자는 충분한 지식을 갖추고 있지 않아 처방사료를 잘못 선택할 수 있다. 반려동물의 상태에 적합한 처방사료를 먹이지 않으면 도움이 되기는커녕 오히려 질병을 더 악화시킬 수 있다. 임상영양학은 생각보다 더 복잡하다. 예를 들어 결석 문제가 생기면 바로 결석을 용해하는 처방사료를 먹이면 된다고 생각할 수 있지만, 사실은 그렇게 단순하지 않다. 방광결석의 종류는 여러 가지이고, 발생 원인도 달라서 원인에 따라 다른 종류의 처방사료를 선택해야 한다.

반려동물에게 자주 생기는 방광결석인 칼슘 옥살레이트(Calcium Oxalate)와 스트루바이트(Struvite)를 예로 들어보겠다. 칼슘 옥살레이트 결석은 산성 요에서 자주 나타나고, 스트루바이트 결석은 요가 알칼리성일 때 많이 생긴다. 수의사는 먼저 결석의 종류를 확인하고 결석에 맞는 처방을 한다. 스트루바이트 결석은 유일하게 음식으로 용해할 수 있는 결석으로, 수술이 필요 없다. 스트루바이트를 용해할 수 있는 사료가 있는데, 이 사료는 요를 산성으로 만들어 스트루바이트 결석을 용해시킨다. 하지만 사료를 먹이기 전에 반드시 수의사가 먼저 스트루바이트 결석이 맞는지 확인해야 한다. 사료를 잘못 선택하면 오히려 증상이 더 심각해질 수 있기 때문이다. 스트루바이트 결석은 세균성 방광염 때문에 생기는 경우가 많아 처방사료와 함께 항생제 치료도 병행해야 결석을 잘 용해할 수 있다. 하지만 스트루바이트를 용해할 수 있는 처방사료는 영양 균형이 맞지 않아 오랫동안 먹으면 다른 신체 문제를 유발할 수 있다. 그러므로 방광결석이라는 병명을 듣고 임의대로 결석 처방사료를 먹여서는 절대 안 된다. 보호자 스스로 진단하는 것보다 수의사가 원인 분석 후 추천하는 처방사료를 구매하는 것이 안전하다.

처방사료의 선택권은 보호자에게 있다

질병에 맞게 제대로 처방된 사료는 반려동물을 더욱 건강하게 만들 뿐 아니라 수명도 늘려준다. 이런 음식을 반려동물에게 먹이고 싶지 않은가? 처방사료의 사용 권한은 보호자, 즉 우리 자신에게 있다. 처방사료를 줘야 하는지 말아야 하는지에 대해 수의사의 눈치를 볼 필요가 없다. 무엇보다 나는 사랑스러운 반려동물이 무엇을 원하는지 시간을 들여 잘 살펴보길 바란다. 그러고 나서 그들에게 필요한 것을 주는 것이 보호자이자 반려자의 역할이다.

그러나 일부 보호자는 수의사가 비싼 처방사료를 추천하는 이유를 단지 돈 때문이라고 생각한다. 이것은 오해다. 사실 수의사들이 권장하는 처방사료는 질병의 치료나 예방의 효과가 있기 때문에 보호자에게 알려주고 추천하는 것뿐이다. 아픈 반려동물을 음식으로 관리하면서 오랫동안 건강하게 살 수 있도록 바라는 것은 보호자뿐만 아니라 수의사의 소원이기도 하다. 그래서 보호자가 처방사료를 외면하는 것을 보고 실망하는 이유는 단지 환자를 걱정하는 것뿐이므로 오해하지 않길 바란다.

잘못된 사료 선택은 우리 아이를 아프게 한다

나는 사료회사에서 일하던 시절에 보호자들의 원망 섞인 전화를 간혹 받곤 했다. 회사에서 판매하는 처방사료를 다 먹였는데 상태가 더 나빠졌다거나 체중에 많은 변화가 생겼다는 항의였다. 대개 수의사의 영양학 지식이 부족해서 적합하지 않은 처방사료를 추천했거나 먹어야 되는 양을 정확하게 계산하지 못해 양 조절에 실패한 것이 원인이었다.

이러한 사례들을 통해 나는 반려동물을 돌보는 수의사들도 영양학 지식을 정확히 알아야 한다고 생각한다. 아쉬운 것은 아직 전문적인 반려동물 영양학과가 없고, 대부분 보호자들은 수의사에게 영양학 지식을 의존할 수밖에 없다는 데 있다. 좋은 수의사가 되려면 영양학 지식을 꼭 배워야 한다. 영양학을 이해하지 못한 상황에서 잘못된 사료를 처방하면 심각한 문제를 일으킬 수 있기 때문이다.

반려동물을 사랑하는 보호자가 스스로 기초 영양학을 공부하는 것 또한 바람직한 현상이다. 정확한 영양 지식은 반려동물을 정성껏 돌볼 때 사용할 수 있을 뿐 아니라 나 자신이나 가족 건강에도 도움이 된다. 날마다 먹어야 하는 음식에 대해 많이 알면 알수록 좋지 않을까? 기초 영양학 지식을 지니고 있어야 뉴스나 인터넷에서 접하는 지식이 맞는지 아닌지 판단할 수도 있다.

잘못된 영양 지식은 잘못된 선택을 이끌 수밖에 없다. 잘못된 사료 선택이 나의 반려동물을 얼마나 힘들게 만들 수 있는지 다음의 사례들을 통해 알아보자.

사례 01 살이 더 찌는 다이어트 처방사료

잘못 사용하는 대표적인 사료가 바로 시중에서 판매되는 다이어트용 처방사료다. 보호자가 다이어트용 사료를 먹여서 반려동물의 살을 뺄 수 있다고 생각하는 건 정말 큰 오산이다.

우리가 다이어트하는 상황을 생각해보자. 시중에서 판매하는 필수 영양소가 모두 포함된 식사 대용 다이어트 제품을 사서 먹는다고 가정해보

자. 우선 살을 빼려면 하루에 필요한 열량보다 적은 열량을 섭취해야 한다. 하루 필요 칼로리가 1800kcal인 사람이 한 봉지에 500kcal인 제품을 3번 먹으면 1500kcal를 섭취하게 된다. 즉 매일 300kcal의 열량을 줄일 수 있어 살을 천천히 뺄 수 있다. 그러나 배고픔을 참지 못하고 4번 먹는다면 결과적으로 열량은 2000kcal로, 1800kcal보다 200kcal 많게 된다. 오히려 먹으면 먹을수록 살이 찌는 것이다.

다이어트용 처방사료도 식사 대용 제품과 똑같은 이치다. 기초 영양소를 완벽하게 공급하면서 열량을 줄이고 포만감을 높인 사료지만, 계획 없이 함부로 먹이면 다이어트 효과는커녕 먹을수록 살이 찔 수 있다.

사례 02 신경 써야 할 게 산더미인 당뇨 처방사료

사료회사에서 일을 할 때 사료를 잘못 선택해 질병이 더욱 나빠진 사례를 여러 번 본 적이 있다. 그중에서 당뇨병에 걸린 반려동물의 사례가 가장 심각했다. 반려동물이 당뇨병에 걸리면 당뇨병 처방사료로 혈당을 관리하는 것 외에도 정해진 시간에 정해진 양의 인슐린을 맞으면서 수의사의 관리하에 혈당 변화를 관찰해야 한다. 즉 인슐린의 종류와 주사량, 사료의 종류와 섭취량 모두 수의사와 협의하여 정해야 한다. 혈당을 안전한 범위 내에서 유지하는 것이 무엇보다 중요하기 때문에 식품과 인슐린, 혈당의 균형이 한번 맞춰지면 수의사는 보호자에게 그대로 유지하도록 제안한다. 보호자 임의대로 처방사료를 바꾸지 않도록 권하는 것이다.

특별히 기억에 남는 보호자가 있다. 그녀는 수의사의 처방에 따라 반려동물에게 당뇨병 처방사료를 먹이고 시간에 맞춰 인슐린을 주사하여 반려견의 혈당을 매우 잘 조절했다. 특별한 증상이 나타나지 않자 얼마 지나지 않아 보호자는 자체적으로 처방사료를 일반사료로 바꾸었다. 당뇨병 처방사료가 너무 비싼 것이 이유였다. 어느 날 반려견이 의식을 잃어 병원으로 실려 갔다. 원인을 찾다 보호자가 임의로 사료를 바꿨다는 사실을 알게 됐다. 새로운 사료가 혈당에 어떤 영향을 주는지 테스트하지 않은 채 인슐린을 원래대로 주사해 갑작스러운 저혈당이 만들어낸 쇼크였다. 당뇨 환자의 경우 사료를 바꾸려면 새로운 사료의 섭취량과 인슐린의 주사량을 계산해야 하는데, 음식의 용량과 인슐린의 주사량이 맞지 않으면 혈당을 조절할 수 없거나 저혈당이 일어날 수 있다. 그 반려견을 자세히 검사했더니 사료를 바꾼 후 장기간 고혈당으로 인해 신장 기능이 손상되었다는 것을 발견했다. 그녀의 개는 당뇨병을 일찍 발견해 정확한 관리로 오래 살 수 있었으나 주인의 잘못된 사료 선택 때문에 얼마 지나지 않아 죽게 되었다. 참으로 안타까운 일이다.

사례 03 평생 관리해야 하는 신장병 처방사료

신장질환으로 고생하는 반려동물이 너무나 많기 때문에 신장질환 처방사료를 이야기하지 않을 수 없다.

처방사료는 병이 완치되면 일반사료로 바꾸는 것이 가능하지만, 신장질환에 걸린 반려동물은 여기에 포함되지 않는다. 신장 기능은 한번 상실되면 돌이킬 수 없기 때문이다. 이 말은 혈액 검사에서 수치가 정상이 되어도 계속 신장병 처방사료를 먹여야 한다는 뜻이다.

신장병 처방사료는 단백질의 섭취량은 줄이되 단백질의 질과 흡수량을 강화시킨 사료다. 그래서 신장병 처방사료를 계속 먹이면 총 단백질 섭취량이 줄어든다. 신장병에 걸린 반려동물이 수액 치료를 받으면서 처방사료로 관리되고 있다면 신체에 있는 질소 폐기물의 양도 감소하기 때문에 혈액 검사에서는 신장지표가 정상으로 나올 수 있다. 하지만 신장이 손상되었다는 사실은 변하지 않는다. 손상된 신장은 여전히 대처할 수 없다. 혈액 검사에서 정상으로 나왔다 하더라도 관리가 소홀해지면 수치가 다시 오를 뿐 아니라 많이 남지 않은 정상적인 신장 부위도 손상되어 신장병이 더 악화된다. 다시 말해, 반려동물이 더욱 죽음에 가까워짐을 의미한다. 따라서 신장병이 발견되면 혈액 검사를 통해 신장의 상태를 집중적으로 살펴야 한다. 처방사료를 꾸준히 먹인 후 혈액 검사에서 정상 수치가 나오면 관리가 매우 잘됐음을 의미한다. 이것은 신장병이 좋아졌다는 것을 의미하는 것이 아니라 관리가 잘 되었다는 의미다. 그러므로 신장병 전용 처방사료를 지속적으로 사용해 신장질환을 치료하며 수명 연장을 도와야 한다.

육식동물인 고양이는 고기만 먹어야 한다?

11

고양이는 고기를 먹어야 한다

고양이는 육식동물이고, 육식동물은 잡식동물보다 단백질에 대한 수요가 더 높다. 다시 말해서 육식동물인 고양이의 몸이 제대로 기능하려면 잡식동물인 사람이나 개보다 단백질이 더 많이 필요하므로 충분한 섭취가 이루어져야 한다. 뿐만 아니라 다른 동물은 신체에서 생산할 수 있는 아미노산인 타우린을 고양이는 만들 수 없기 때문에 음식을 통해 보충해야 한다. 타우린은 해산물, 닭, 작은 새 등 동물성 식품에만 존재하기 때문에 결핍을 막기 위해서는 고양이가 반드시 동물성 단백질을 먹어야 한다.

고양이와 다른 동물들의 차이점은 또 있다. 사람이나 개는 당근 등에 많이 들어 있는 베타카로틴을 통해 비타민 A를 충분히 얻을 수 있지만,

고양이는 체내에서 베타카로틴으로부터 비타민 A를 변환할 수 없다. 따라서 동물성 식품, 특히 동물성 간을 섭취해야 비타민 A를 충분히 얻을 수 있다.

개인적인 의견과 경험으로 볼 때, 고양이는 '고기'만 먹어야 하는 것이 아니라 동물성 식품을 '충분히' 먹어야 한다. 단, 주의해야 할 점은 적정량을 섭취해야 한다. 어떤 영양소든 부족하면 신체가 정상적인 대사활동을 하지 못하지만, 너무 과다하게 섭취해도 독이 될 수 있기 때문이다.

동물성 식재료를 선택할 때는 타우린과 칼슘에 신경 써야

고양잇과 동물들은 사자를 제외하고는 모두 사회적 동물이 아니다. 즉 고양이는 본래 고독한 존재다. 늑대와 같이 무리 지어 사냥하는 동물들은 자기보다 덩치가 큰 동물을 잡아먹을 기회가 있지만, 야생의 고양이는 독립적으로 살아가기 때문에 닭보다 큰 동물을 잡아먹을 수 없다. 그래서 고양이는 쥐나 참새, 바퀴벌레와 같은 작은 포유류, 곤충만을 잡아먹는다. 다행인 것은 이러한 작은 동물은 고양이에게 꼭 필요한 타우린 성분을 많이 함유하고 있다. 반면 큰 동물인 소와 돼지에는 타우린 성분 함량이 적다. 그래서 집에서 키우는 고양이에게 돼지고기나 소고기를 주식으로 먹인다면 타우린이 부족할 가능성이 높다.

야생 고양이는 이런 작은 동물을 잡아먹을 때 고기뿐 아니라 내장과 뼈까지 모두 먹는다. 고기 부분만 먹으면 필수 영양소인 비타민 A 등 비타민 결핍이 생길 수 있을 뿐만 아니라 미네랄, 특히 칼슘이 많이 부족할 수 있다. 정말로 야생의 고양이처럼 동물성 식품만 먹이고 싶다면 동물의 완벽한 신체를 먹여야 한다. 사체의 내장부터 뼈까지 탈탈 털어먹을 때 필수 영양소가 모자랄 가능성이 줄어든다. 하지만 이런 방식의 식사는 집에서 불가능하기 때문에 고양이에게 고기를 먹일 때는 타우린이나 칼슘 같은 영양소의 보충에 신경 써야 한다.

야생에서 직접 잡아먹는 것이 더 건강할까?

고양이를 키우는 많은 보호자들은 야생 고양이의 주식이 동물성 식품이기 때문에 집에서 키우는 고양이도 당연히 동물성 식품만 먹어야 건강할 수 있을 거라 생각하지만, 단정적으로 그렇게 얘기할 순 없다. 문명의 발달로 인간이 점점 더 오래 사는 것처럼, 집에서 기르는 고양이들도 문명의 발달로 인해 실제 더 오래 산다. 야생처럼 위험한 환경도 없고, 직접 먹이를 찾을 필요도 없다. 음식의 질은 점점 좋아지고 특히 조리된 음식을 먹기 때문에 식중독에 걸릴 가능성도 많이 줄어들었다. 뿐만 아니라 보호자가 제공하는 균형 잡힌 식단으로 인해 면역력이 강화되고 전염병에 저항할 수 있을 정도로 힘이 강해졌다.

동물성 성분과 적정한 식물성 성분을 비교했을 때 무엇이 육식동물인 고양이에게 좋은가는 아직 의견이 분분하다. 하지만 고양이가 야생에서처럼 소형 포유류를 잡아먹는 것이 더 건강하다는 증거는 어디에도 없다. 고양이가 동물성 음식만 먹어야 더 건강하다는 증거도 없다.

고양이도 탄수화물을 먹는다

야생 고양이의 주식은 고기, 즉 동물성 식품이다. 주요 식량은 새, 쥐와 같은 작은 포유류라는 것에 전적으로 동의하지만, 사실 야생 고양이들도 집에서 기르는 고양이처럼 일부 식물이나 탄수화합물을 먹는다. 집에서 키우는 고양이는 고양이 풀, 일명 '캣그라스(고양이가 먹을 수 있는 풀로 귀리나 보리, 호미 등의 잎사귀)'라고 불리는 식물을 먹을 뿐 아니라 만두피, 빵 등 밀가루로 만든 음식과 뻥튀기, 밥 등 쌀로 만든 음식에도 흥미를 보인다. 우리 집에 있는 고양이는 특히 찐빵과 누룽지를 매우 좋아한다. 누룽지를 사서 집에 오면 득달같이 달려들어 누룽지를 채갈 정도다.

하지만 육식동물인 고양이가 탄수화물을 지나치게 먹으면 당뇨병에 걸릴 수 있기 때문에 적정량의 탄수화물을 섭취해야 한다. 음식 중의 탄수화물을 35%(DMB) 이하로 유지하면 당뇨병을 예방할 수 있다.

고양이와 단백질,
떼려야 뗄 수 없는 관계

2014년 대만 타이베이시의 통계에 따르면, 반려묘의 첫 번째 사망 원인은 암, 두 번째 사망 원인은 신부전이었다. 반려견의 경우 신부전은 4위로 암, 다발성 계통의 기능 상실과 심혈관질환보다 사망 순위가 뒤에 있다. 한국의 경우 2015년 언론 보도에 따르면 반려묘의 사망 원인 1위는 신장질환이었다.

대만 통계 결과를 자세히 보면 고양이 중 1/5 정도(19.1%)가 신장질환으로 죽는데, 사망률은 거의 1위를 차지하고 있는 암(19.5%)과 비슷하다. 그러므로 신장질환에 걸리지 않도록 예방하는 것이 고양이 보호자들의 매우 중요한 숙제다.

유전적인 문제로 신장질환에 걸리는 경우는 예방하기 어렵겠지만, 그

2014년 타이베이시 반려묘 사망 원인

반려묘 사망 원인	병례 수	비율(%)
암	51	19.5
신부전	50	19.1
다발성 계통의 기능 상실	45	17.2
전염병	34	13
심혈관질환	16	6.1
호흡질환	15	5.7
소화계통질환	12	4.6
창상	7	2.7
췌장염	8	3.1
기타	24	9
합계	262	100

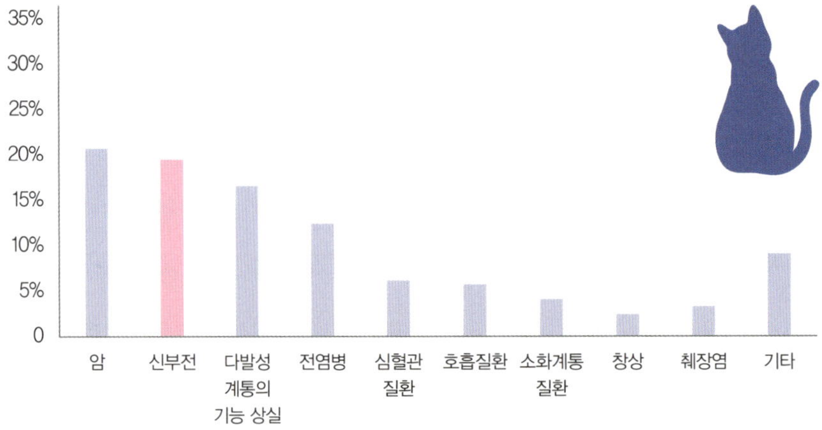

2014년 타이베이시 반려견 사망 원인

반려견 사망 원인	병례 수	비율(%)
암	96	29.3
다발성 계통의 기능 상실	62	18.9
심혈관질환	34	10.4
신부전	25	7.6
신경계 질환	16	4.9
전염병	16	4.9
자연사 / 불명	15	4.6
창상	14	3.7
소화계통질환	12	4.3
면역계 질환	12	3.7
기타	26	7.7
합계	328	100

외에는 배뇨 습관과 식이요법 개선을 통해 충분히 예방할 수 있다. 우선 배뇨 습관을 잘 들이려면 집에 있는 고양이 수보다 고양이용 화장실이 하나 더 많은 게 좋고, 화장실은 밥과 물이 놓인 곳과 멀어야 한다. 고양이가 선호하는 모래를 깨끗하게 관리하는 일도 중요하다. 통상적으로 모래는 자연 상태의 흙과 같은 고운 성분이 좋지만, 묘종에 따라 차이는 있을 수 있다.

신장질환을 예방하려면 식사를 준비할 때 세 가지 측면을 고려해야 한다. 충분한 식수, 적절한 단백질, 칼슘과 인의 비율이다. 그중에서 단백질이 신장병과 아주 밀접한 관련이 있기 때문에 단백질의 중요성에 대해 이야기해 보고자 한다.

고양이에게 꼭 필요한 단백질

미국 국가조사위원회(National Research Council, NRC)가 발간한 〈개와 고양이의 영양 요구사항(Nutrient Requirements of Dogs and Cats)〉에 따르면 고양이의 최소 일일 단백질 필요량은 DMB로 16%이고, 최소 일일 단백질 권장량은 DMB로 20%다. AAFCO는 성묘에게 DMB로 26% 이상의 단백질 섭취를 권장하고 있다.

여기에서 궁금증이 생길 것이다. 왜 NRC에서 나오는 권장량과

AAFCO에서 제시하는 권장량이 다를까? AAFCO에서 말하는 영양소 권장량은 실제로 '최소한의 요구 조건'이 아니다. 사실 몸이 필요한 것은 단백질이 아니고 단백질을 구성하고 있는 아미노산이다. 실제 음식을 만들 때 필수 아미노산의 필요량을 쉽게 맞출 수 없기 때문에 AAFCO에선 사료를 만들 때 필수 아미노산이 부족하지 않게 조금 더 높은 최소 권장량을 제안하고 있다. 모든 필수 아미노산의 최소 요건을 충족하고 있다면 16%(DMB) 정도의 단백질도 고양이에게 충분하다. 즉 필수 아미노산이 충분히 흡수된다면 단백질의 최소 섭취량은 16%까지 낮아질 수 있는 것이다.

고양이에게 필요한 단백질 권장량

고양이(성묘)	단백질(DMB)
NRC 최소 일일 필요량	16%
NRC 최소 일일 권장량	20%
AAFCO 최소 권장량	26%

나는 고양이 사료를 선택할 때 보통 DMB로 26% 이상의 단백질을 선택하지만 45% 이상은 선택하지 않는다. 우리 집에서 키우는 고양이는 운동량이 적어서 단백질 섭취를 조절해야 간과 신장에 부담을 주지 않기 때문이다. 특히 고양이 나이가 10살이 넘으면 단백질 함량을 40%(DMB) 이하로 제한하는 것이 좋다. 노령묘가 되면 대사가 느려지고 필요량보다 많은 단백질은 독이 될 수 있기 때문이다.

과도한 단백질은 간과 신장에 부담을 준다

고양이에게 단백질은 꼭 필요하지만, 과도한 단백질은 간과 신장에 부담이 될 수 있다. 단백질은 여러 종류의 아미노산이 사슬로 연결된 거대하고 복잡한 분자다. 동물마다 합성, 제조, 대사 능력이 모두 다르듯 그들이 필요로 하는 아미노산도 각각 다르다. 다양한 아미노산의 균형을 유지하기 위해서는 매일 음식을 통해 단백질을 충분히 섭취해야 한다. 단백질을 충분히 먹지 않을 경우 몸은 기본적인 신진대사에 필요한 단백질을 충족하기 위해 단백질로 이루어진 근육을 분해한다. 그러나 집에서 자란 반려동물이 단백질을 부족하게 섭취하는 일은 거의 없다. 오히려 대부분의 사람과 반려동물은 너무 많은 단백질을 섭취한다.

우리 몸에 필요한 양보다 많은 단백질을 섭취할 경우 몸을 유지하기 위해 사용하고 남은 아미노산은 몸에서 아미노산 형태로 저장되지 않고 에너지원으로 사용된다. 아미노산을 에너지원으로 사용하려면 간을 통해 대사해야 하는데 그중 일부는 에너지원인 포도당으로, 일부는 질소 노폐물인 요소(尿素)로 변한다. 몸이 필요한 칼로리보다 더 많은 칼로리를 섭취하면 포도당으로 변하는 아미노산은 결국 지방으로 변해 비만을 일으킨다. 그리고 요소로 변하는 아미노산은 신장을 통해 체외로 배설된다.

많은 사람들은 고단백 음식을 먹으면 근육이 생길 거라고 착각한다. 사실 단백질만 많이 먹고 운동을 충분히 하지 않으면 단백질이 다 지방으로 변한다. 운동할 때는 근육 손상이 늘어나 신진대사가 더 빨라지기 때문에 더 많은 단백질이 필요하다. 이 상태에서 단백질을 많이 먹게 되면 근육의 성장을 증가시킬 수 있다. 그러나 이때 충분한 운동을 하지 않으면 결국 단백질은 간을 통해서 에너지원이 된다.

이러한 원리로 보면, 집에서 키우는 고양이는 야생에서 사는 고양이보다 운동량이 적기 때문에 더 적은 양의 단백질이 필요하다. 이때 필요한 양보다 더 많은 단백질을 섭취하면 몸에 문제가 생긴다. 너무 많이 섭취한 단백질은 몸에서 가장 중요한 두 장기, 간과 신장을 통해 대사해야 하기 때문이다.

아직까지 과다한 단백질이 간 손상이나 신부전을 일으키는 직접적인 원인이라는 확증은 없지만, 나이가 많아지면 신진대사 능력이 떨어지기 때문에 간이나 신장에 부담을 주어 문제가 발생하는 것은 틀림없다. 건강한 어린 동물들은 젊고 건강한 간과 신장을 가지고 있기 때문에 단백질을 과도하게 섭취해도 단백질의 부작용에 쉽게 대처할 수 있다. 그러나 반려동물이 나이가 들면 신진대사 능력이 점점 떨어져 과도한 단백질이 간과 신장에 과부하를 일으킨다.

반려동물의 신장은 기능상의 40%를 상실하게 되면 영원히 손상된 것과 같다. 신장은 한번 손상되면 되돌릴 수 없기 때문이다. 따라서 이미 40% 이상 망가졌다면 반드시 단백질 섭취를 제한해야 한다. 가장 좋은 방법은 신장에 문제가 생기기 전에 단백질을 자제하는 것이다.

적정량의 단백질 섭취가 가장 이상적 균형 상태

단백질은 22개의 아미노산으로 이루어져 있다. 그중 일부가 '필수 아미노산'인데, 반려동물의 신체는 이를 스스로 합성할 수 없기 때문에 반드시 음식을 통해서 섭취해야 한다. 고양이는 인간보다 2개 더 많은 11개의 필수 아미노산을 가지고 있다. 그중 하나는 아르기닌(Arginine)으로 생체 내 암모니아의 신진대사를 담당한다. 역시 음식으로 섭취해야 하는데, 부족할 경우 간질, 의식불명은 물론 죽음에까지 이를 수 있다. 또 하나는 담즙의 중요한 성분인 타우린이다. 심장 기능 유지에 매우 중요한 타우린은 부족할 경우 심장, 면역력, 담즙 분비, 신경 전달 등에 문제가 생길 수 있다.

음식의 영양이 균형을 잘 이루려면 단백질 함량보다 필수 아미노산이 필요한 만큼 충분히 들어 있어야 한다. 따라서 고양이 음식을 만들 때 고양이에게 필요한 11개 필수 아미노산이 충분히 들어 있는지 확인해야 한다. 음식 중에 필수 아미노산 중 하나라도 빠지게 되면 단백질을 많이 먹어도 건강하지 못하게 된다. 타우린을 예로 들어보겠다. 고양이가 타우린이 없거나 적게 들어 있는 소고기와 돼지고기를 주식으로 먹고 있다면 아무리 단백질을 많이 먹더라도 타우린을 섭취하지 못해 결국 타우린 결핍증으로 인한 확장성 심근증에 걸릴 수 있다.

단백질 함량은 너무 많아도 너무 적어도 안 된다. 필수 아미노산은 충분하게 먹어야 하지만, 너무 많이 섭취해도 안 된다. 간에 부담이 될 수 있다. 적정량의 단백질 섭취가 건강에 가장 영양적이고, 안전하다는 것을 기억하자.

건강한 **고양이**를 위한 **식사 가이드**

고양이에게 단백질이 중요하다고 해서 육식만 섭취하면 단백질이 과잉될 뿐 아니라 영양의 불균형을 초래한다. 반려동물을 건강하게 키우고 싶다면 영양을 균형 있게 함유한 음식을 섭취하도록 제공해야 한다. 영양 균형의 정의는 '필요한 영양소가 모두 충분히 들어 있으면서 모든 영양소와 화학물질이 과하지 않은 상태'를 말한다. 그러나 동물마다 고유의 생리적 특징이 있고 대사 작용이 다르기 때문에 '충분'과 '과량'의 기준이 다르다. 사람에게 좋은 음식이라도 고양이나 개에게는 독이 될 수 있다는 사실을 기억해야 한다.

식물 영양소는 건강에 이롭다

미국 농무부(USDA)에 근무할 때 내가 속한 조직은 식물 영양소 연구실이었다. 다양한 연구를 통해 식물 영양소의 이점을 확인하는 곳이다.

대부분의 식물 영양소는 몸에 좋다. 그리고 인체에 미치는 긍정적인 영향은 인간과 쥐에서도 비슷하다. 아직 개와 고양이에 대한 연구가 충분하지는 않지만, 개와 고양이에게도 긍정적인 효과를 줄 것이라고 추측할 수 있다. 여기서 가장 중요한 건 '함량'이다. 아무리 좋은 영양소라도 과다 섭취하면 독이 될 수 있기 때문이다. 예를 들어 사람들이 많이 복용하는 오메가3도 과다 섭취하면 독성이 생겨 메스꺼움, 구토, 두통 등의 부작용이 나타난다. 과도한 오메가3로 인해 면역력이 억제되어 세균성 방광염에 반복해서 감염된 반려동물도 본 적이 있다.

소위 식물 영양소는 우리가 일반적으로 부르는 영양소와는 다소 다르다. 일반적으로 부르는 영양소는 물, 탄수화물, 섬유질, 단백질, 지방, 비타민, 미네랄 등 신체의 신진대사를 유지하기 위한 필수 성분이다. 이러한 필수 영양소가 없거나 부족할 경우 우리는 결핍 증상을 겪게 된다. 예를 들어 비타민 A 결핍은 야맹증을 불러일으킨다. 비타민 K가 결핍되면 피가 응고되지 않기 때문에 매일 충분히 먹어야 하는데, 너무 많이 먹으면 오히려 병이 된다.

반면 식물 영양소는 '필수'가 아니다. 즉 식물 영양소가 없어도 아프지 않다. 그러나 식물 영양소는 특별한 기능을 가지고 있다. 어떤 것은 소화를 돕고, 어떤 것은 신체가 독을 대사하는 것을 도우며, 어떤 것은 산화에 저항할 수 있도록 돕는다. 노화와 암을 예방하기도 하고, 면역력을 높일 수도 있다. 예를 들어 콩에 많이 함유된 이소플라본(Isoflavone)은 구조적으로 여성 호르몬과 유사한 식물 영양소여서 우리는 이것을 '식물성 호르몬'이라고 부른다. 이소플라본에 항유방암 성분이 있어 혈당을 조절하고 심혈관질환을 줄인다는 연구 결과가 많다. 또한 블루베리는 안토시아닌 등의 항산화제를 다량 함유하고 있어 건강에 유익하다. 그러므로 고양이에게 동물성 식재료만 제공하기보다는 식물성 영양소가 많이 들어 있는 식재료도 제공해 질병과 노화를 예방하는데 힘써야 한다.

영양 균형이 최우선

사랑하는 반려동물을 위해 음식을 준비할 때는 모든 영양소를 계산하지 않더라도 최소한 단백질, 지방, 탄수화물, 칼슘과 인의 비율 정도는 계산해야 한다. 동시에 식재료 다양화의 원칙도 지켜야 한다. 재료가 풍부할수록 영양 불균형의 가능성은 작아진다. 사실 고양이에게 필요한 영양소는 45개가 있는데, 5개 음식 재료로는 절대 다 맞출 수가 없다. 게다가 고양이가 동물성 식재료만 먹는다면 선택할 수 있는 식재료가 줄어들어 영양 불균형이 될 가능성은 더욱 커진다.

영양분 계산도 하지 않고, 식재료도 다양화하지 않으면 대부분 영양 균형을 이루지 못한다. 예를 들어 닭가슴살에는 단백질, 니코틴(비타민 B_3), 비타민 B_6, 인, 셀레늄 등은 풍부하지만, 다른 영양소는 매우 적다. 영양분이 많은 간에도 비타민 D, 비타민 E, 비타민 K가 부족하다. 이러한 영양 불균형은 심각한 질병을 불러일으킨다. 비타민 D가 부족할 때 암에 더 쉽게 걸리는 것처럼 모든 필수 영양소가 질병과 깊은 관계를 가지고 있다. 100% 암에 걸리는 이유가 비타민 D의 부족 때문이라고 말할 수 없지만, 이것도 원인에서 제외할 수는 없다. 그러므로 영양의 균형을 맞추는 것이 반려동물의 건강을 위해 무엇보다 중요하다는 것을 잊지 말고, 음식을 만들 때 시간이 걸리더라도 영양분을 계산하는 습관을 들이도록 하자.

Part 4

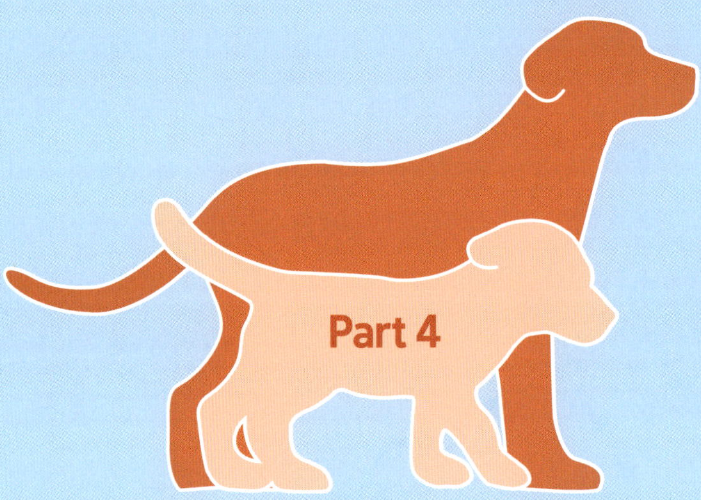

개와 고양이,
이럴 땐 어쩌죠?

“

반려동물의 문제 행동과
증상에 대한 처방전

”

반려동물이 밥을 먹지 않아요!

12

밥을 먹지 않는 이유는 뭘까?

"우리 집 강아지는 육포 외에는 아무것도 먹지 않는데 어떻게 해야 할까요?"

코코는 작고 새하얀 포메라니안이다. 보호자는 식성이 매우 까다로운 코코에게 밥을 먹이기 위해 매일 어떻게 음식을 줄까 고민하고 연구하는 등 모든 노력을 기울이고 있었다. 그녀의 집에는 네 개 브랜드의 건사료가 있다. 코코에게 새 사료를 주면 처음 며칠간은 밥을 잘 먹지만, 이내 싫증을 내고 먹기를 거부해서 그때마다 다른 사료로 바꾸어 먹이고 있었다. 또 집에는 세 종류의 통조림 과자가 있고, 사료에 짜 넣을 수 있는 맛있는 제품들도 많다고 했다. 코코는 사료를 먹을 때마다 사료 위에 맛있는 재료를 놓지 않으면 아예 맛보려 하지 않는다고도 했다. 어떨 때는 사료에 맛있는 재료를 섞어도 밥을 먹지 않으려 해서 결국 육포를 꺼내주게 된다며 나에게 고민을 털어놓았다.

먹지 않는다 vs 먹지 못한다

보호자들은 반려동물 중 특히 작은 개들이 먹는 것을 좋아하지 않아서 밥을 줄 때마다 힘들다고 호소한다. 심할 때는 사료를 먹지 않을 뿐 아니라 보호자가 직접 만든 음식도 맛보지 않는다고 한다. 이럴 땐 어떻게 해야 하는지 묻는 보호자들에게 나는 항상 어제 무엇을 먹였는지 먼저 묻는다. 그리고 늘 같은 결론에 이르게 된다. 그들이 반려동물에게 먹인 음식이 너무 과하다는 것이다. 집에 있는 반려견이 밥을 먹지 않는다면 어떤 음식을 주고 있는지 한 번 꼼꼼히 기록해보자. 자신도 모르는 사이에 많은 음식을 주고 있다는 것을 깨닫게 될 것이다. 즉 반려동물은 밥을 먹지 않는 게 아니라 밥을 먹기 전에 다른 음식으로 배를 채우는 경우가 많아 밥을 잘 먹지 못한다.

'밥을 먹지 않는데 어떻게 해야 하는가?'라는 질문에 답하기 전에, 우선 우리는 한 가지 사실을 이해해야 한다. 반려동물이 '먹지 못한다'라는 것인지 '먹지 않는다'라는 것인지를 명확히 알아야 한다. 이 두 상황은 매우 큰 차이가 있다. 첫 번째 '먹지 못한다'라는 것은 어떤 것을 들이대도 먹고 싶지 않다는 뜻이며, 이때는 간식을 들이대도 아무 흥미가 없다. '먹지 않는다'는 각종 맛 좋은 간식은 먹으면서 밥은 먹기 싫다는 행동이다. 그렇다면 나의 반려동물은 어디에 속할까?

먹는 것을 좋아하지 않으면 건강 문제일 수 있다

반려동물이 건강한 상태일 때 먹는 것을 좋아하지 않는 것은 비교적 드문 일이다. 하지만 먹는 것을 좋아하지 않아서 겨우 알약 몇 알에 의존해 영양분을 섭취하며 살아가는 사람도 있듯이, 반려동물들도 먹는 것을 좋아하지 않는 경우가 있다. 서양의학에서는 이런 문제를 치료해야 할 대상이 아니라고 생각할 수 있지만, 한의학에서는 먹는 걸 좋아하지 않는 것은 건강에 문제가 있는 것으로 판단해 치료한다. 우리 집에서 키우는 강아지 피피도 어릴 때 위가 나빠 식욕이 좋지 않았다. 이유 없이 설사를 자주 하고, 심할 때는 위장에서 출혈이 나와 혈토하거나 혈변을 흘리고 다녔다. 동물병원에서 위내시경까지 해봤지만, 결국 문제를 발견하지 못했다. 어쩔 수 없이 한의학을 연구하신 아버지께 한의학적으로 치료를 해달라고 부탁했다. 소화 능력과 면역력에 관련된 경락을 강화하는 한약으로 반년 동안 관리했더니 위장 문제가 다 해결되고 식욕까지 좋아졌다. 현재 14살인 피피는 날마다 쓴 한약을 섞은 밥도 맛있게 먹을 뿐 아니라 동생들의 밥도 빼앗아 먹을 만큼 밥을 잘 먹고 있다.

일반적으로 반려동물이 먹는 것을 좋아하지 않는 경우 병을 의심해봐야 한다. 평소 먹는 걸 좋아하던 반려동물이 갑자기 먹지 않으면 매우 심각한 문제라는 것을 알아야 한다. 갑자기 먹는 걸 거부하면 발견 즉시 병원에서 진찰을 받아야 한다.

영양 상담을 하다 보면 반려동물이 먹는 것을 별로 좋아하지 않는다고 보호자들이 느끼는 상황도 있다. 특히 작은 개를 키우는 보호자들에게 해당한다. 사실 작은 개들은 무게가 적게 나가는 만큼 매우 적은 칼로리가 필요하다. 그래서 보호자들이 많이 먹지 않는다고 생각하는 것보다 훨씬 더 적게 먹을 수 있다. 그러므로 인간을 표준으로 생각해 반려동물의 음식 중량을 결정해서는 안 된다. 성인의 체구가 60kg이고 반려동물이 3kg이라면 사람보다 1/20 정도 덩치가 작다. 즉 이 경우 반려동물이 적게 먹는 것은 정상이고 어떠한 문제도 없다. 하루 필요한 칼로리를 먹고 있고 체중도 잘 유지하고 있다면 걱정하지 않아도 된다.

간식이 문제다

반려동물 역시 사람과 마찬가지로 음식 습관을 잘 들여야 한다. 밥을 먹지 않는다고 해서 한두 번 간식을 주다 보면 결국 밥을 먹지 않고 더 맛있는 간식을 기다리는 나쁜 습관이 들 수 있다. 더 큰 문제는 건강에도 좋지 않다는 것이다. 대부분의 간식은 사람이 먹는 과자와 마찬가지로 영양을 고려하지 않고 만들어 너무 많이 먹게 되면 영양소 부족이 되거나 과다가 되어 건강을 해칠 수 있다.

반려동물은 하루에 몇 칼로리가 필요할까?

우선 반려동물에게 필요한 하루 칼로리를 알아보자. 그러면 내가 주고 있는 음식의 양이 적당한지, 과다한지 알 수 있다. 밥을 거부하는 이유도 알 수 있다.

공식은 아래와 같다.

$$DER = 70 \times 체중(kg)^{0.75} \times Factor$$

0.75 승으로 계산하기 어려울 경우 반려동물의 몸무게가 2~45kg 사이라면 또 다른 단순화된 공식을 사용할 수 있다.

$$DER = (30 \times 체중(kg) + 70) \times Factor$$

DER(Daily Energy Requirement, 하루에 필요한 에너지 총량)
Factor 계산은 오른쪽 기준표 참고

칼로리를 계산할 때 주의해야 할 두 가지가 있다. 첫 번째, 여기에서 말하는 체중은 '건강한 상태에서의 체중', 다시 말해 살이 찌지도 마르지도 않았을 때의 몸의 체중을 말한다. 다이어트가 필요한 반려동물의 경우 비만 상태일 때의 체중으로 계산하면 하루 필요 에너지양이 너무 높게 나와 그에 맞춰 먹이다 보면 살이 더 찔 수밖에 없다. 반려동물이 건강한 상태일 때의 표준체중이 얼마인지 의사와 상의한 뒤 계산하길 권한다.

두 번째 Factor는 나이, 건강 상태, 삶의 환경 그리고 운동량에 따라 측정된다. 아래의 Factor 기준표를 참고해 계산해보자. 나이가 많고 자는 시간이 긴 반려동물은 Factor를 낮추어야 하고, 자주 산책을 나가는 등 활동량이 많은 반려동물은 Factor를 높여야 한다.

Factor 기준표

	개	고양이
4개월 이하	3	2.5
5~12개월	2	2.5
비중성화	1.8	1.4
중성화	1.6	1.2
비만 경향	1.4	1
체중 감량	1	0.8

단, 위의 공식으로 계산한 하루 필요 에너지 총량을 100% 믿으면 안 된다. 하루 필요 칼로리는 현재의 체중에 따라 달라지고 활동량도 대략 예측했기 때문에 정확하지 않을 수 있다. 반려동물의 체중 변화를 계속 확인하면서 조정해야 한다. 건강한 반려동물의 체중은 위아래로 변동이 크지 않다. 다이어트를 할 경우 일주일에 0.5~1% 정도 체중이 줄어드는 것을 확인할 수 있어야 하는데, 체중 감소가 전혀 관찰되지 않는다면 칼로리 섭취를 더 줄여야 한다. 반면 다이어트할 때 너무 빨리 체중이 감소하면 건강에 좋지 않으므로 음식량을 조금 더 늘려야 한다.

간식은 실제로 양이 많다

간식은 정말 잘 먹는데, 밥을 먹지 않는 반려동물은 어떻게 해야 할까? 이에 대한 나의 답은 "밥을 먹기 전에 간식을 절대 주지 마라!"이다.

반려동물이 밥을 먹기 싫어하면 보호자는 24시간 동안 반려동물에게 무엇을 주었는지를 적어보자. 분량과 시간도 꼼꼼히 기록한다. 대부분 마트에서 파는 음식이나 간식에는 열량이 적혀 있을 것이다. 가능하다면 먹인 음식의 열량까지 기록해본다.

음식 기록 예시

먹이는 시간	음식	음식 칼로리	먹는 양	총 칼로리	주식인가?
아침 6시	닭 육포	46Kcal/ 10g	20g	92kcal	X
아침 8시	A 사료	3700Kcal/ 1000g	40g	148kcal	O

무엇을 주었는지 기록하는 것은 매우 중요하다. 보호자들이 반려동물에게 하루 동안 얼마나 많은 음식을 먹이고 있는지 알 수 있기 때문이다. 특히 여러 종류의 간식을 먹이고 있다면, 각각 주는 간식의 양을 합산했을 때 그 양이 많다는 것도 깨닫게 될 것이다. 우리 집 강아지, 피피를 예

로 들어보겠다. 몸무게가 2.5kg인 피피는 14살의 중성화 수술을 한 요크셔테리어로, 하루에 필요한 열량은 200kcal다. 10g의 닭 육포 1개는 46kcal로, 피피가 4.3개(43g, 198kcal)를 먹게 되면 하루에 필요한 열량을 모두 다 먹는 셈이다.

보호자들은 간식을 '아주 조금' 먹였다고 생각하지만, 실제 그 양은 소형 반려동물에게는 매우 많다. 밥 먹는 것을 좋아하지 않고 오직 간식에만 관심을 보이는 반려동물은 대개 간식을 매우 많이 먹고 있을 확률이 높다. 그들이 밥을 먹지 않는다는 것은 이미 간식을 먹고 배가 부른 상황이라 더 이상 밥을 먹지 못하게 된 것을 의미한다.

'못 먹는 척, 안 먹고 싶은 척' 하는 것이다

많은 보호자들은 밥을 먹지 않는 반려동물이 안쓰러워 육포를 준다. 물론 나도 마찬가지였다. 반려동물을 너무 좋아해서 정말 사람 아기와 똑같이 대한다. 그래서 반려동물이 밥을 먹지 않으면 어떻게 해서든 먹이려고 한다. 그래도 밥(사료)을 먹지 않으면 결국에는 반려동물이 원하는 맛있는 음식을 준다. 문제는 '맛있는 음식'이란 것이 대부분 건강하지 못하다는 사실이다. 반려동물들은 어린아이들과 같이 판단 능력이 미숙하기 때문에 높은 지방과 단백질의 맛있는 음식을 보면 앞뒤 가리지 않고 맛있게 먹는다. 아이들이 피자, 치킨, 아이스크림, 사탕 등을 밥 대신 먹으려고 하는 것과 같은 논리다.

반려동물들도 학습 능력을 갖추고 있어 밥을 먹지 않고 버티면 간식을 먹을 수 있다고 생각한다. 밥을 먹지 않는 행동을 하면 결국 자신이 원하는 간식을 획득할 수 있다는 것을 아는 것이다. 그래서 거짓으로 못 먹는 척, 안 먹고 싶은 척을 하며 자신의 의지를 표현한다. 하지만 이로 인해 얻는 건 맛만 있을 뿐 영양의 균형이 깨진 건강하지 않은 음식이다. 보호자들은 밥을 먹지 않는 반려동물에게 간식을 주는 건 밥을 먹지 않는 나쁜 습관만 기르게 된다는 사실을 알아야 한다. 이는 건강도 망칠 수 있음을 꼭 기억하자.

배가 고파야 잘 먹는다

'잘 먹는다'의 선결 조건은 바로 '배가 고파야 한다'이다. 누구나 그런 경험이 있듯이 배가 정말 고플 때는 모든 게 다 맛있다. 하지만 배가 부르거나 배가 고프지 않을 때는 아무리 맛있는 음식이라도 제대로 즐기지 못한다.

반려동물이 밥을 먹지 않는다면 우선 질병이 생겼는지 확인하고, 병이 나지 않았다면 '나는 배가 고프지 않다'라는 그들의 뜻을 알아차려야 한다. 배가 고프지 않을 때는 억지로 먹일 필요가 없다. 더구나 '맛있는 음식으로 바꿔줘야 먹는다'라는 생각은 떨쳐버리자. 배가 고프지만, 간식만을 원해 밥을 먹지 않는다면 우선 음식을 거두어들인다. '밥을 먹지 않으면 더 좋은 음식은 없다'라는 것을 깨닫게 해야 한다. 그러면 밥도 잘 먹는다.

사람도, 반려동물도 하루 동안 먹을 수 있는 칼로리가 정해져 있다. 그래서 간식으로 배를 채우게 해선 안 된다. 간식은 영양이 불균형한 음식이 대부분이기 때문에 하루 필요 칼로리 중 10%를 초과하지 않아야 한다.

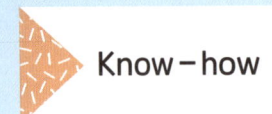

반려동물에게 밥을 잘 먹이려면 어떻게 해야 할까?

1. 모든 음식 공급을 중단하고 반려동물의 위장을 쉬게 한다.

반려동물이 '배고프다'고 보챌 때까지 기다린다. 보호자에게 밥을 달라고 애걸하는 모습을 보일 때 밥을 주면 금세 먹어 치운다. 배가 고플 때 맛있게 먹을 수 있다는 것은 기본 중의 기본이다.

2. 반려동물에게 필요한 음식의 양을 계산한 후 제한된 양을 제한된 시간 안에 먹인다.

여기에서 말하는 '제한된 양'의 의미는 반려동물이 비만해지는 것을 방지하기 위한 것이다. 집에서만 생활하는 반려동물은 뚱뚱해지기 쉽기 때문에 비만이 되지 않도록 음식의 칼로리를 계산한 뒤 제공해야 한다. 고양이의 경우 자유 급식이 좋지만 양은 제한할 필요가 있다. 시간까지 제한할 필요는 없지만 하루 필요한 칼로리를 지켜야 한다는 의미다. 반려견은 제한된 시간 내에 밥을 먹지 않으면 바로 치운다. 먹지 않는다고 그냥 놔둬서는 절대 안 된다. 반드시 시간제한을 두어야 한다. 예를 들면 밥그릇을 10분간만 놓아두고 10분이 지나면 치우는 방식이다. 너무 쇠약하거나 마른 반려동물의 경우라면 제한 시간을 조금 늘리는 것이 좋다.

다시 한번 강조하자면 반려동물이 살이 쪘든 찌지 않았든, 밥 먹을 때 시간제한은 필요하다. 밥을 놓는 그 자리에 계속 음식을 두어서는 안 된다. 먹고 싶어도 먹을 수 없는 상황을 만들어 반려동물 스스로 안타깝게 여기도록 해야 제시간에 밥을 먹는다. 그렇지 않으면 언제든 그 자리에 밥이 있을 것이라고 생각하기 때문이다.

3. 정식으로 준 밥을 먹지 않는다면 그냥 치우고, 간식을 주지 않는다.

밥을 먹기 전에 간식을 주는 것은 반려동물에게 '잘못된 교육'을 하는 것과 같다. 밥을 먹지 않으면 과자를 먹을 수 있다고 생각하도록 말이다. 이는 매우 나쁜 식습관이 될 수 있다. 간식은 밥을 다 먹고 난 뒤에 먹을 수 있고, 식사하지 않으면 다른 선택이 없다는 것을 반려동물에게 알려줘야 한다. 올바른 습관을 길러야 건강하게 잘 먹일 수 있다는 사실을 다 알 것이다. '반려동물이 배고파할까 봐'를 걱정하지 말자.

눈물자국 짜증 나! 제거할 수 있을까?

13

눈물자국은 쉽게 사라지지 않는다

강의할 때마다 반려견을 키우는 보호자들은 이런 질문을 자주 한다.

"강아지를 키우고 있는데 눈물자국이 너무 심해요. 눈물자국을 제거할 수 있는 사료가 있나요? 추천해 주세요."

다른 색의 털을 지닌 반려견도 마찬가지지만, 특히 흰색 털을 지닌 반려견의 경우 갈색 또는 빨간색 눈물자국이 티가 많이 나서 싫어하는 보호자들이 많다. 이런 고민을 반영하듯 인터넷에는 눈물자국 제거 사료와 약이 많이 판매되고 있다. 정말 그 사료를 먹고 약을 바르면 눈물자국을 제거할 수 있을까? 이런 제품의 원리를 이해하려면 먼저 눈물자국이 어떻게 생기는지 이해할 필요가 있다.

눈물이 나는 환경에 있는 건 아닐까?

눈물자국은 당연히 눈물을 흘리기 때문에 생긴다. 눈물자국을 제거할 수 있는 방법을 찾기 전에 눈물을 흘리지 않는 것이 가장 근본적인 해결책이 될 것이다. 그렇다면 반려견들은 왜 눈물을 흘리는 걸까? 눈물을 흘릴 수밖에 없는 환경에 놓인 건 아닐까? 아래의 몇 가지 기본적인 사항을 확인해보자.

1. 눈 주변에 눈을 자극하는 머리카락이나 털이 있지 않나?

눈이 자극을 받으면 가장 흔한 반응으로 바로 눈물을 흘리게 된다. 지속적으로 머리카락이나 털이 눈을 자극하면 눈물이 다량 분비되어 눈물자국이 생긴다.

2. 눈이나 귀에 질병이 있는가?

각막 궤양, 각막염, 눈물관 폐쇄 등 안과질환은 눈물의 분비를 유발한다. 그러므로 눈에 문제가 발생한 경우 병원에 가서 수의사의 진단을 받고 치료하면 눈물자국 문제는 함께 해결될 수 있다. 연구에 따르면 귀에 생긴 질병이 눈물의 분비를 자극한다고 한다. 반려견의 눈물자국이 고민된다면 귀도 반드시 확인해보자.

3. 혹시 매일 얼굴 특히, 눈 주변을 닦지 않고 있는가?

반려견을 매일 목욕시킬 필요는 없지만, 사람들이 매일 세수하는 것처럼 반려견의 얼굴도 자주 닦아주는 것이 좋다. 사실 일반적인 상황에서는 아무 문제가 없어도 개들은 눈물을 흘릴 수 있다. 예를 들어 먼지나 이물질이 눈에 들어가거나 집에 혼자 있으면서 보호자를 너무 오래 기다리며 우는 경우 등이다. 어떤 반려견은 선천적으로 눈물샘이 더 발달되어 눈물의 양이 상대적으로 많을 수도 있다. 이런 상황일 때 눈물을 바로 닦아주지 않으면 눈물자국이 생긴다.

적갈색 눈물자국의 정체는 포르피린

눈물을 흘린다고 눈물자국이 무조건 생기는 건 아니다. 눈물자국이 어떻게 형성되는지 먼저 알아보자. 그래야 눈물자국을 제거하는 방법도 찾을 수 있고, 눈물자국 제거 사료와 약이 어떻게 눈물자국을 개선할 수 있는지도 이해할 수 있다.

적갈색 눈물자국을 형성하려면 3가지 조건이 충족되어야 한다. 눈물, 효소, 시간이다.

우선 눈물이 있어야 눈물자국이 생기는 것은 두말할 필요가 없다. 어린 강아지의 경우 치아가 생기는 기간에 잇몸이 아프거나 가려움 등으로 인해 눈물의 분비가 증가한다. 따라서 치아가 생기는 기간 동안 특별히 눈물 얼룩이 많이 나타난다. 평소에 눈물을 자주 닦아주면 이가 자라는 기간이 끝날 때 눈물자국도 종종 자연스럽게 사라진다. 그러나 눈이 특별히 튀어나오거나 눈물을 많이 흘리는 일부 특수 견종이 있다. 예를 들어 시추, 프렌치 불독, 치와와 등의 반려견은 특히 눈이 많이 튀어나와서 눈물뿐 아니라 눈 관리도 열심히 해야 한다. 불독, 퍼그 등의 견종은 얼굴 살의 처짐이 주름을 유발하기 때문에 눈 밑의 주름을 매일 청소해야 한다. 그렇지 않으면 눈물자국이 생길 뿐 아니라 주름 내부에 생기는 습기로 인해 피부병까지 일으킬 수 있다.

눈물은 무색인데 왜 눈물자국은 적갈색을 띠는 걸까? 그 이유는 '포르피린(Porphyrin)'이라는 화학물질 때문이다. 눈물에 있는 포르피린은 원래 무색인데, 피부에 있는 '피로스포린(Ptyrosporin=Red Yeast, 홍국)'이라는 적색 효모균에 의해 산화(화학 반응)되면 적갈색으로 변하게 된다. 피로스포린은 포르피린을 산화시킬 수 있는 효소를 가지고 있기 때문이다. 산화된 포르피린은 적갈색이 되고 효모 때문에 특별한 냄새도 동반한다.

눈물을
자주 닦는 것만이 방법

위에서 설명했듯이 눈물 자체는 색이 없고, 효소와 만나 화학 반응을 일으켜야만 적갈색으로 변한다. 이때 적갈색 눈물이 자국으로 남으려면 효소의 화학 반응이 일어나는 시간이 충분해야 한다. 눈물이 나올 때마다 바로 닦아 효소가 작용하는 시간을 없애면 눈물자국이 형성되지 않는다.

일부 보호자는 눈 세정액으로 눈 주변을 자주 청소한다. 하지만 눈물자국을 제거할 수 없다는 사실을 알게 될 것이다. 그 이유는 눈물자국이 머리 염색과 동일한 원리이기 때문에 이미 형성된 적갈색은 완전히 제거하기 힘들다. 성능이 좋은 세정액은 눈물자국을 퇴색시킬 수 있지만, 완전히 제거할 순 없다. 세정액을 올바르게 사용하는 방법은 눈물자국이 발생하기 전에 사용하는 것이다. 효소가 화학 반응을 일으키기 전에 닦아야 효과가 가장 좋다. 이미 형성된 눈물자국은 완전히 없앨 순 없지만, 항생제를 사용하거나 눈 주변을 자주 청소해주고 건조하게 유지하면 개선할 수 있다.

음식으로 눈물자국을 없앨 수 있을까?

일반적으로 눈물자국을 제거하는 식품이나 약물에서 가장 효과적인 성분은 바로 '항생제'다. 항생제는 눈물자국을 형성하게 하는 효모균을 죽이고, 투명한 눈물이 붉은 눈물로 변하는 것을 막는다. 그러나 항생제를 오랫동안 복용하면 미생물 저항성을 유발할 수 있어 안전한 방법은 아니다. 2014년 미국 FDA는 3가지 눈물자국 제거 제품을 조사한 결과, '틸로신 타르타르산염(Tylosin Tartrate)'이라는 항생제가 포함되어 있어 고양이에게 사용할 경우 심각한 부작용을 일으킬 수 있다고 경고했다. 강아지에게 사용할 때도 알레르기, 구토, 설사 등 증상이 나타나는지 확인하면서 사용할 것을 당부했다. 그렇다면 눈물자국을 어떻게 제거할 수 있을까?

항산화제가 풍부한 음식이 도움 된다

항생제는 눈물자국을 제거하는 효과가 탁월하지만 직접 복용하는 것은 안전상 위험하다. 대신 항산화제를 다량 함유하고 있는 음식을 먹여보자. 항산화제는 반려동물의 면역력을 강화시킬뿐 아니라 피부에 있는 효모의 수를 줄인다. 효모가 적으면 눈물을 변색(산화)시킬 수 있는 효소 또한 줄어들어 눈물자국이 발생할 가능성이 줄어든다. 그러므로 블루베리, 시금치, 당근 등 다양한 색의 채소를 많이 먹을 수 있도록 제공해야 한다. 항산화제가 다량 함유되어 있으며 루테인, 안토시아닌류, 제아잔틴 등 눈에 좋은 영양소도 들어 있어 눈 건강에 도움이 된다.

또한 영양소가 균형 있게 들어 있는 음식은 건강에 좋을 뿐 아니라 눈물자국을 예방하기 위해서도 필수적이다. 특히 비타민 A(베타카로틴)와 비타민 B군은 필수 영양소에 포함되는데, 이런 영양소는 좋은 사료나 균형 잡힌 음식에 충분히 들어 있다.

눈물자국 개선 사료는 마케팅일 뿐

현재 판매하고 있는 사료 중 일부 사료는 '눈물 감소' 또는 '눈물자국 제거' 기능이 있다고 강조한다. 마케팅 포인트로 '눈물자국 개선'을 주요 기능으로 광고하지만, 정확한 메커니즘을 공개하지 않고 효과가 있다는 충분한 증거도 내밀지 못한다. 내가 아는 한 이런 사료는 눈물자국을 개선하기 위해 만들어지지 않았다. 그 사료들은 영양소를 바꾸면 눈물을 줄일 수 있다고 말하는데, 아직까지 과학적인 증거가 충분하지 않다. 그러므로 당연히 눈물자국을 제거하기 위한 특별한 사료는 만들 수 없다.

인터넷에는 반려동물에게 짠 음식을 먹이면 눈물 분비량이 증가하기 때문에 저염 식품을 먹여야 한다고 주장하는 글들이 꽤 많다. 대부분 사람들의 경험에 의해 나온 말이지만, 이 또한 과학적으로 증명되지 않은 내용이다. 물론 고염분 사료는 건강에 절대 좋지 않다. 따라서 안전한 염분 범위를 선택하는 것이 중요하다.

14살이 넘는 반려견 두 마리를 키우고 있는 엄마이자 수의사로서, 나는 "눈물이 적은 것보다 많은 것이 훨씬 좋다"라고 말하고 싶다. 나이가 들면 반려견은 사람처럼 안구 건조증에 걸릴 가능성이 높다. 지금 14살인 피피는 10살 때부터 안구 건조증이 발생해 열심히 관리하고 있다. 안구 건조증에 걸리면 매일 눈약을 넣어야 하는데, 제대로 관리하지 못하면 각막 궤양, 각막염 등과 같은 심각한 합병증 등을 유발할 수 있다. 치료를 하지 않으면 실명까지 일으킬 수 있다. 이렇게 보면 눈물은 신의 선물이 아닐까 하는 생각이 든다. 질병의 가능성을 배제하고 눈물이 많은 것은 심미적인 문제다. 눈물자국이 그렇게 보기 싫으면 자주 닦아주는 건 어떨까? 약물이나 음식을 통해서 눈물을 억지로 줄이는 것은 추천하지 않는다. 반려동물이 내 옆에서 건강하고 오랫동안 함께 생활할 수 있다면 눈물자국이 있는 것은 아무것도 아닐 테니 말이다.

Part 5

Dr. Tammie가
답한다!

“

반려동물
음식에 대한 궁금증

”

영양 보충제, 꼭 먹여야 할까?

14

영양소도 넘치면 독

2019년 미국 내과학 회보 〈Annals of Internal Medicine〉에서 인간 영양학의 통설을 흔드는 논문이 발표됐다. 요약하면, 영양소가 결핍되지 않은 이상 추가로 영양소를 보충하는 것은 우리 몸에 좋은 효과가 없을 뿐 아니라 심지어 암 유발 가능성이 증가한다는 내용이었다. 따라서 건강검진을 통해 영양소 결핍이 아니라면 마음대로 건강관리 제품을 섭취하는 것을 자제해야 한다. 그렇다면 반려동물은 어떨까?

시중에는 반려동물을 위한 건강보조식품이 많이 판매되고 있다. 일부는 필수 영양소이며, 일부는 새로운 기능성 영양소, 일부는 전통 한약 제품 등이다. 그런데 대다수 건강보조식품은 반려동물의 영양학에 대한 연구 결과가 미흡하여 인간의 영양학 연구를 바탕으로 만들어졌다. 개인적인 생각으로는 인간과 반려동물은 대사 반응이 조금씩 다르지만, 대부분 대사 과정이 동일해 사람과 비슷한 작용을 할 거라고 생각한 듯하다. 문제는 역시 '양'이다. 영양 보충제를 먹일 때 얼마나 먹여야 부작용이 없고 건강해지는 효과를 얻을 수 있을까? 이에 대해 명확한 답을 줄 수는 없다. 반려동물을 위한 연구가 그다지 충분하지 않기 때문에 적정량과 부작용에 대한 정보를 정확히 알지 못하기 때문이다.

사실 영양 보충제는 필요 없다

필수 영양소도 보충제가 필요할까? 필수 영양소는 비타민, 미네랄과 같이 충분히 먹지 않으면 건강에 문제가 생길 수 있는 영양소다. 사실 영양사들이 가장 권장하는 상황은 바로 식이를 통해 균형 잡힌 영양소를 섭취하는 것이다. 음식을 통해 필수 영양소를 다 얻을 수 있으면 따로 영양 보충제를 먹지 않아도 된다. 심지어 영양 보충제를 먹는 것보다 더 건강하다. 문제는 우리가 영양 균형을 잘 이룬 음식을 먹고 있다는 자신이 없기 때문에 따로 영양제를 보충하고 싶어 한다는 것이다. 하지만 몸에 부족한 영양소나 필요한 영양소를 모르는 상황에서 영양 보충제를 섭취하는 것은 문제가 될 수 있다. 고용량과 고농도의 영양 보충제를 섭취하면 최신 연구 결과에 따라 위험성이 증가할 수 있기 때문이다. 필요 없는 건강보조식품은 우리의 건강뿐만 아니라 반려동물에게도 해로울 수 있으므로 조심해야 한다.

반려동물에게 영양 균형이 잘 잡힌 음식을 먹이고 있다면 영양 보충제를 따로 챙길 필요가 없다. 여기에서 사료의 좋은 점을 언급할 수밖에 없다. 좋은 사료는 건강을 유지하는 데 필요한 영양소를 빠짐없이 넣고, 영양의 균형을 맞추어 영양소의 결핍을 최소화시킨다. 당연히 좋은 회사에서 만든 좋은 사료에만 해당하는 얘기다.

영양 균형이 잘 이루어진 사료에 비해 집에서 직접 만든 음식은 영양소에 대한 충분한 지식과 계산이 없으면 상대적으로 영양이 부족하거나 넘칠 가능성이 크다. 지금 반려동물에게 주고 있는 음식이 과연 영양 균형을 잘 이루고 있을까? 영양 균형이 어떤지 확인하려면 전문가에게 요청해야 한다.

영양소를 분석하는 방식은 크게 두 가지가 있다. 하나는 영양사가 사용하는 영양소 계산법이고, 다른 하나는 영양소 함량을 측정할 수 있는 연구실에 맡기는 방법이다. 영양소 계산법은 영양사에게 레시피만 제공하면 재료마다 영양소가 얼마나 들어 있는지 계산하는 방식으로 확인할 수 있다. 음식에 함유된 영양소 자료를 사용해서 평균적으로 영양소가 얼마나 들어 있는지 대략 알 수 있다. 사람의 영양학에서도 이런 방식으로 영양소 함유량을 계산한다. 두 번째 방법은 집에서 만든 음식을 영양소 분석 연구실에 보내면 영양소를 분석해주는 것이다. 사실 영양소 함유량을 알아보는 데 이보다 더 정확한 방법은 없다. 문제는 비용이 비싸고 재료를 바꿀 때마다 다시 검사를 해야 한다. 연구실까지 보내는 동안 음식을 적절히 보관하고 운반해야 하는 어려움도 있다.

어떤 방식을 사용하든지 상관없다. 하지만 영양소 함량을 분석하지 않으면 어떤 영양소를 보충해야 할지, 어떤 영양소가 과량 섭취되는지 알 수 없다.

기능성 영양소도 과하면 부작용이 발생할 수 있다

필수 영양소가 아닌 기능성 건강식품을 먹여야 할지는 보호자 스스로 판단해야 하는 문제다. 필수 영양소가 모두 충분히 제공되고 있다면, 기능성 건강식품이 반려동물에게 얼마나 도움이 될지는 아무도 알 수 없다. 특히 사람에게 도움이 되는지 아직 연구 중인 건강기능식품을 바로 반려동물한테 제공하면 위험 가능성도 있다. 예를 들어 양파는 사람에게 좋은 식재료지만, 개나 고양이가 섭취하면 대사 문제를 일으켜 적혈구를 파괴하고 용혈 증상이 일어난다. 따라서 사람을 대상으로 한 연구에서 영양소의 효과가 아무리 좋다 해도 바로 반려동물에 주는 것은 좋지 않다. 적어도 독성 실험을 통해 안전하다는 결과를 얻었을 때 먹여야 한다. 특히 건강기능식품 중에는 기능성 영양소가 농축되어 있거나 함량이 넘치는 경우가 많기 때문에 더 심한 부작용이 생길 수 있다.

사실 사람이 먹는 건강기능식품에도 문제가 많다. 나는 미국 USDA에 근무할 때 '식물 영양소가 암 예방에 미치는 영향'에 대해 연구를 진행한 적이 있다. 당시 와인에 있는 폴리페놀의 일종인 레스베라트롤(Resveratrol)이란 영양 성분을 연구했다. 세포를 배양해 영양소가 세포에 미치는 영향을 알아보는 정도의 수준이었다. 그런데 실제 신체의 소화 및 흡수 능력에 식물 영양소가 어떤 영향을 미치는지 효과가 확실하게 밝혀지지 않았음에도 불구하고 이미 마트에서는 판매되고 있었다. 그것을 본 후 건강기능식품에 대한 믿음이 줄어들었다.

기능성 영양소는 우리 몸에 꼭 필요한 영양소가 아니다. 그 뜻은 기능성 영양소를 먹지 않아도 문제가 생기지 않는다는 말이다. 그럼 우리는 도대체 왜 기능성 영양소를 먹으려고 할까? 질병을 예방하기 위해 먹는 걸까? 나는 먹어도 효과를 알 수 없는 영양소를 사랑하는 반려동물한테 굳이 먹여야 할 이유가 없다고 생각한다. 연구가 충분하지 않은 건강기능식품을 일부러 사서 먹일 필요가 없다. 심지어 반려동물용 건강기능식품에 대한 허가사항은 존재하지도 않는다. 사료회사가 반려동물용 건강기능식품이라며 마치 치료 효과가 있는 것처럼 마케팅하고 있다면 이는 과대 과장 광고라고 볼 수 있다.

영양소를 더 먹이고 싶다면 나는 연구로 검증된 '원형의 식재료'를 먹이길 권한다. 건강에 좋은 영양소는 음식에서 유래하기 때문에 농축된 기능성 원료보다 원형의 식재료가 더 안전하다고 볼 수 있다. 예를 들어 오메가3의 원천은 심해어류이고, 안토시아닌의 원천은 블루베리, 오디, 가지, 브로콜리 등 푸른 과일과 채소다. 식물성 오메가3의 공급원은 치아시드 또는 아마씨이며, 레시틴의 주요 공급원은 대두콩이다. 이런 식재료에는 좋은 영양소 하나만 함유된 것이 아니라 다양한 영양소가 다량 들어 있어 건강에 더 좋은 효과를 줄 수 있다. 게다가 함량 초과는 걱정할 필요도 없다.

무엇이든
함량이 중요하다

질병이 없는 이상 건강기능식품이 몸에 좋은지 아닌지는 그렇게 중요하지 않다. 맛있고 신체에 부작용이 없는 음식이라면 행복한 기능성 식품이 될 수 있다. 간식의 역할과 마찬가지로 기능성 식품을 제공하는 것은 반려동물에게 사랑을 표현하는 하나의 방법일 수 있지만, 역시 가장 중요한 건 '양'임을 잊지 않아야 한다.

이 책에서 가장 중요하고 강조하는 내용은 바로 '어떤 음식이든 상관없이 과량이면 독이고 적당하면 약이다"이다. 특히 기능성 식품의 경우 고농도로 되어 있을 가능성이 높아 한 번에 너무 많이 먹으면 비만, 구토, 신장질환, 신경 반응 및 사망 가능성 등의 부작용이 일어날 수 있다. 예를 들어 오메가3가 들어 있는 기능성 식품은 설명서에 따라 먹이는 것이 좋다. 과다 섭취할 경우 구토, 비만, 심지어 면역 억제가 일어날 수 있기 때문이다. 특히 몸이 작은 반려동물은 훨씬 더 쉽게 과다 섭취할 수 있으므로 방심해서는 안 된다.

견사료는 몸에 해로운 튀긴 음식인가?

15

튀긴 게 아니라 코팅된 것이다

보호자들이 사료에 대해 오해하는 것 중 하나가 바로 '건사료는 튀긴 사료다'라는 것이다. 결론부터 말하면 그건 틀린 얘기다. 사료 알갱이가 기름져 보여 튀긴 것이라고 생각하지만, 튀긴 것이 아니다. 익스트루전(Extrusion) 방식으로 제조하는 과정 중에 코팅된 것일 뿐이다. 보통 건사료의 맛을 높이고 영양소를 보충하기 위해 다이제스트(Digest; 흔히 소화하는 것을 의미하지만 사료 제조에서는 일종의 조미료를 의미한다)와 오일로 코팅을 한다. 다이제스트에는 고기 추출물이나 농축한 향료 등이 들어 있어 사료에 넣으면 맛을 한층 더 좋게 한다. 코팅 성분 중에는 오일도 있는데, 사료 제작 과정 중 고온·고압을 거칠 때 필수 지방산이 파괴될 수 있어 지방을 보충하기 위해 추가된다.

사료를 잘 먹는 이유는 바로 코팅에 있다

현재 우리나라에서 판매되고 있는 사료의 상당수는 건사료다. 이러한 형태의 사료는 고온·고압의 압출기(Extruder)를 이용해 반죽이 된 원료를 팽창시켜 만드는 익스트루전 방식이다. 1956년 미국에서 처음 개발된

건사료 제조 과정

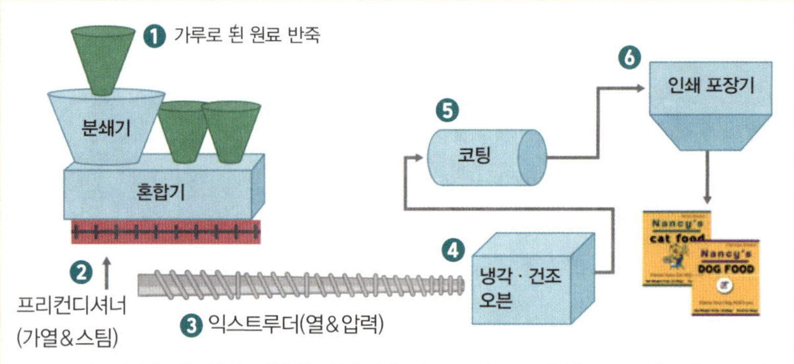

❶ 모든 원료를 건조한 다음 갈아서 가루로 만든 후 고루 섞어 반죽을 만든다.
❷ 증기를 가해 반죽을 충분히 숙성시킨다.
❸ 반죽을 압출기에 넣어 통과시킨다.
❹ 압출기를 통과할 때 압출기 안쪽은 고온·고압이기 때문에 반죽이 압출기 밖으로 나오는 순간, 기계 바깥의 정상적인 압력을 만나면서 공기가 많이 들어간 입자(알갱이)로 팽창하게 된다. 이 알갱이(키블)를 건조하며 식힌다.
❺ 사료 알갱이 바깥을 코팅한다.
❻ 포장한다.

압출·팽창 기술 이후 지속적으로 개량되어 왔다.

왼쪽의 건사료 제조 과정을 살펴보자. '코팅'이 눈에 띌 것이다. 코팅 과정 때문에 많은 이들이 사료를 튀겼다고 오해한다.

사실 코팅하는 과정은 사료를 만드는 데 아주 중요한 역할을 한다. 먼저 반죽을 가열하는 과정에서 오메가3, 일부 비타민 등 파괴된 영양 성분을 보충해준다. 이보다 더 중요한 역할은 입맛을 돋우는 성분인 유지와 식욕을 촉진할 수 있는 효모 추출물, 피로인산나트륨(Sodium Pyrophosphate) 등의 물질을 첨가하는 것이다. 사료의 기름 성분은 공기와 닿으면 쉽게 산화된다. 특히 오메가3 등 불포화 지방산이 들어 있으면 더 빨리 산화가 일어난다. 이를 막기 위해 산화방지제인 구연산 등을 코팅제로 첨가한다.

일반적으로 사료를 만들 때 코팅은 세 겹으로 하는데 제일 안쪽은 유지, 중간층은 수분, 가장 바깥층은 가루 상태의 물질로 한다. 코팅의 성분과 방법은 모든 사료회사의 중요한 노하우 중 하나로, 조금씩 다르긴 하지만 대개 이러한 코팅으로 인해 사료 알갱이(키블)는 매우 기름져 보인다. 그래서 보호자들은 사료가 매우 느끼할 것이라고 생각하거나 사료를 튀겨서 만들었다고 오해한다. 하지만 실제 사료 제조 과정에서 튀기는 공정은 없다. 그러므로 개나 고양이가 평생 튀김을 먹는다는 이야기는 대단한 오해다.

마늘은 건강식품일까? 해로운 음식일까?

16

독이 될지 약이 될지 해답은 '양'에 있다

"개와 고양이에게 마늘을 먹여도 되나요?"

어느 오후 한 기자가 전화를 걸어왔다. 수많은 자료에서 마늘은 독이 있으며, 양파와 같이 피를 용해한다는 내용을 확인했다는 것이다. 그럼에도 불구하고 반려동물 식품에 마늘 성분이 포함된 것을 쉽게 볼 수 있다. 더 나아가 마늘의 효능을 내놓고 홍보하기까지 한다.

사료회사들은 마늘에 독이 들어 있지 않고, 오히려 몸에 좋기 때문에 사료 제작 시 마늘을 첨가하려 한다. 그리고는 나에게 '마늘에는 독이 없고 몸에 좋다'라고 설명을 써달라고 요청한다. 하지만 이 문제에 대해 나는 앞에서 충분히 설명했다. 모든 화학 성분은 독이 될 수도, 약이 될 수도 있다. 독이든 약이든 해답은 '함유량'에 있다.

마늘 독의 실체는 이황화물

독이 들어 있다는 3인방 식재료, 마늘, 파, 양파는 용혈(적혈구의 세포막이 파괴되어 그 안의 헤모글로빈이 혈구 밖으로 나오는 현상)을 일으키는데, 원인이 되는 성분은 모두 이황화물이다. 그중 독성이 가장 강한 성분이 바로 노멀-프로필 다이설파이드(N-propyl Disulfide)이다.

이 성분은 두 개의 황을 함유하고 있으며, 적혈구 안의 헤모글로빈을 산화시켜 적혈구의 파괴를 초래한다. 이러한 용혈 때문에 소변이 빨간색 또는 갈색으로 변하며 급성 빈혈이 발생한다. 정신 우울, 불안, 구토, 설사 등의 증상도 일으키며 심할 경우 사망에까지 이른다.

마늘을 먹이려면 계산은 필수다

노멀-프로필 다이설파이드 성분은 특히 양파에 많이 들어 있다. 그래서 양파는 조금 먹어도 중독(체중의 0.5%인 양파=1kg당 5g)되지만, 마늘에는 함량이 적은 편이라 1kg마다 15g 이상을 먹어야만 중독 현상이 일어난다.

사료회사나 반려동물의 식품을 제조하는 회사는 음식을 제조할 때 마늘을 첨가하고 싶어 한다. 식품영양 연구에서 마늘은 살균, 방충, 심지어 암까지 예방할 수 있을 정도로 훌륭한 기능을 가지고 있기 때문이다. 그렇지만 우리가 주의해야 할 것은 '양'이다.

피캐언 박사의 저서 《Dr. Pitcairn's Complete Guide to Natural Health for Dogs & Cats》에서는 4.5~6.8kg 체중의 반려동물에게 마늘을 섭취하게 할 경우 매일 마늘 반 조각만 제공하라고 말한다. 몸무게가 9~18kg인 반려동물이라면 마늘 한 조각만 먹어야 하며, 20~31kg 중량의 반려동물은 마늘 두 조각, 34~40kg인 반려동물은 마늘 2.5조각까지 먹일 수 있다고 설명했다. 숀 메서니에 박사는 저서 《The Natural Vet's Guide to Preventing and Treating Cancer in Dogs》에서 체중이 4.5~14kg인 개는 마늘을 매일 한 조각 먹으면 암을 예방할 수 있다고 권장하고 있다.

마늘이 정말 몸에 좋은 것은 맞다고 생각하지만, 그의 책에서 이야기하는 '마늘 한 조각'을 정확하게 정의하기는 어렵다. 따라서 반려동물에게 마늘을 주려면 반드시 계산을 해야 한다. 안전하기 위해서는 kg당 10g을 넘지 말아야 한다. 다시 말해서 2kg인 개에게는 하루 20g을 초과하지 않는 것이 좋다.

비록 마늘이 몸에 좋지만, 위와 장에 자극을 줄 수 있으므로 되도록 익힌 뒤 먹이는 것이 좋다. 또한 반려동물에게 식품을 먹일 때는 마늘이 들어 있는지 확인해야 한다. 식품회사들이 식품에 마늘을 넣었다면 안전을 위해 권장량을 표기했을 것이다. 반려동물에게 이 음식을 줄 때는 표기된 권장량보다 더 많이 주면 중독이 일어날 수 있다. 권장량을 반드시 지켜야 하며, 마늘이 들어 있는 다른 음식은 피해야 한다. 건강식품도 모두 마찬가지다. 건강에 좋다고 생각해서 권장량보다 더 많이 먹는 경우가 많다. 그러나 대부분 건강식품의 권장량은 안전 테스트상에서 가장 큰 용량이므로 더 많이 먹으면 부작용이 생길 수 있다. 건강을 위해 챙겨준 많은 양의 마늘이 반려동물의 건강을 도리어 해칠 수 있는 것이다.

독을 피하는 것은 현명한 보호자의 역할

반려동물에게 독이 되는 음식은 모두 같은 이치를 갖고 있다. '과다 섭취하면 반드시 독이 된다'이다. 우리가 먹는 식품 중에 독이 없는 물질은 사실 없다. 바로 함유량 때문이다. 날마다 마시는 커피에도 독이 있지만, 아주 많이 마시지 않으면 오히려 건강에 좋은 것처럼 모든 음식도 마찬가지다.

나는 김치를 먹는 골든레트리버와 슈나우저를 만나 본 적이 있다. 골든레트리버의 보호자는 김치가 몸에 좋다고 해서 반려견에게 밥을 먹일 때마다 물에 씻은 김치를 1~2조각씩 주고 있었다. 이 말을 듣자마자 바로 혈액 검사를 하라고 권했는데, 개의 몸 상태는 예상 밖으로 아주 건강하고 전혀 문제가 없었다. 하지만 슈나우저의 경우는 달랐다. 슈나우저는 불분명한 이유로 자주 빈혈이 생겨 빈혈 증상이 나타날 때마다 병원에서 수혈을 받고 있었다. 보호자와 음식 상담을 진행했는데, 반려견이 김치를 너무 좋아해서 가끔 김치를 먹이고 있다는 이야기를 들었다. 상담 후 빈혈이 일어나는 이유를 추측할 수 있었다. 김치에 일정량 이상 들어 있는 양파와 마늘 때문이라는 생각이 들었다. 바로 보호자에게 김치의 위험성을 설명해주고 먹이는 것을 중단하라고 말했다. 그 뒤로 슈나우저는 상태가 좋아져 빈혈로 병원을 방문하는 일이 없었다.

나는 여기에서 두 가지 사항을 강조하고 싶다.

첫 번째, 함유량이 무엇보다 중요하다는 것이다. 반려동물의 체중은 제각각이어서 항상 용량을 고려한 뒤 음식을 주어야 한다. 40kg의 골든레트리버와 10kg의 슈나우저가 먹을 수 있는 양은 차이가 크다는 걸 꼭 기억해야 한다.

두 번째, 농도도 중요하다. 골든레트리버의 보호자는 김치가 맵기 때문에 반려동물에게 줄 때 물에 씻어주었는데 그 행동 때문에 건강에 문제가 없었다. 양념을 물에 씻을 때 독성물질도 같이 씻겨 나갔기 때문에 농도가 옅어진 것이다. 농축된 식품의 경우 대부분 유효 성분의 농도도 증가하기 때문에 독성이 일어날 가능성이 함께 증가한다. 그러므로 농축된 식품을 주려면 권장량을 반드시 따라야 한다.

사실 모든 식품에는 좋은 점과 나쁜 점이 공존한다. 현명한 보호자라면 반려동물에게 먹이는 식품에 대해 정확한 지식을 알아야 한다. 그래야 반려동물을 위한 가장 좋은 선택을 할 수 있다.

사료를 자주 바꾸는 게 좋을까?

17

균형 잡힌 사료와 음식이라면 바꿀 필요 없다

결론부터 말하자면 사료는 자주 바꾸지 않는 것이 좋다. 영양소가 부족하거나 영양 과다가 아니라면, 생산 공장의 상태, 식재료 선택, 사료 운반이나 보관 등 사료 제작 과정에 문제가 없다면, 심지어 기호성도 좋아서 반려동물이 좋아한다면 사료를 바꾸지 않는 것을 권한다. 하지만 일반 보호자들이 이런 사료를 과연 찾을 수 있느냐가 문제다.

단백질을 제공하는 식재료는 단순할수록 좋다

어린 고양이는 다양한 식재료를 제공해야 입맛을 까다롭지 않게 만들 수 있지만, 성장을 마친 고양이나 개의 경우 영양적으로 균형 잡힌 음식을 주고 있다면 일부러 새로운 종류의 식재료로 바꿀 필요가 없다.

특히 단백질을 제공하는 식재료는 단순하면 단순할수록 더 좋다. 그 이유는 음식으로 인해 알레르기가 생길 경우 다른 종류의 수많은 단백질원 가운데 하나로 바꾸기 용이하기 때문이다. 앞에서 언급했듯이 음식 알레르기가 발병했을 때 치료 방법 중 하나가 먹어본 적 없는 새로운 단백질(특히 고기 종류)을 제공하는 것이다. 예를 들어 쉽게 설명하면, 현재 시판하고 있는 사료 중에 아주 특별한 고기로 만든 사료가 몇몇 있다. 양고기, 캥거루 고기, 타조 고기, 악어 고기, 칠면조 고기 등으로 만든 사료가 대표적이다. 평소에 쉽게 접하지 못하는 이런 고기 종류는 반려동물이 음식 알레르기로 확진 받았을 때 새로운 단백질원으로써 알레르기 치료용 음식으로 사용할 수 있다. 사실 이런 고기 종류는 특별하긴 하지만, 그렇다고 특별히 건강에 좋다는 뜻은 아니다.

인터넷에서 찾아보면 연어나 양고기로 만든 사료가 피부에 좋다는 이야기가 많다. 영양 성분상 특별한 이유를 찾을 순 없지만, 상대적으로 쉽게 접하지 못한 음식이라서 알레르기 유발 가능성도 낮아져 피부에 좋다는 소문이 나도는 것이다. 현재 먹고 있는 사료 중에 알레르기를 유발하는 성분이 있으면 이전에 먹어본 적이 없는 양고기나 연어, 캥거루 고기 등 새로운 단백질 성분이 있는 음식이 알레르기 개선을 도와줄 수 있다. 하지만 여기서 짚고 넘어가야 할 점은 한 종류의 단백질만이 알레르기를 일으키진 않는다는 것이다. 알레르기 증상을 발견하자마자 새로운 고기로 만든 사료를 먹이면 증상이 좋아질 수 있지만, 시간이 지나 '그 새로운 단백질'이 더 이상 새롭지 않고 몸에 항체가 생기면 결국 똑같이 알레르기 반응이 나타날 수 있다.

수의사는 음식 알레르기가 의심되는 반려동물을 만나면 보호자에게 '전에 먹어본 적 있는 모든 음식'을 적어 달라고 요청한다. 음식 알레르기를 유발하는 원인은 바로 이전에 먹어 본 적이 있는 음식에 있기 때문이다. 특히 증상이 나타나는 동안 먹이고 있던 음식은 모두 알레르기를 일으키는 '용의자'다. 음식 알레르기의 원인을 찾기 위해서는 먹어본 적 있는 모든 음식을 분석해 그 안에 들어 있는 식재료를 피하고, 먹어본 적 없는 새로운 음식으로 테스트를 해야 한다. 이전에 특별한 음식을 많이 먹었다면 의심할 수 있는 식재료 명단이 길어져 결국 다 사용할 수 없는, 피해야 하는 음식이 된다. 그러므로 반려동물이 균형 잡힌 음식이나 식재료를 먹으면서 건강하다면 특별한 단백질 사료를 제공할 필요가 없다. 나중을 위해서라도 남겨두는 것이 더 현명한 선택이다.

믿을 수 있는 사료 하나면 충분하다

속담에 '모든 달걀을 한 바구니에 담지 말라'는 말이 있다. 한 바구니에 모든 달걀을 넣고 넘어지면 달걀이 하나도 남지 않기 때문에 안전을 위해 달걀을 여러 군데 넣어 두란 뜻이다. 반려동물에게 한 종류의 사료를 먹이고 있는데, 그 사료에 문제가 발생하면 반려동물의 건강에 큰 영향을 줄 수 있다. 반면 여러 사료를 먹이고 있으면 그중에서 한 사료에 문제가 생긴다 하더라도 반려동물에겐 영향이 그리 크지 않을 수 있다. 이렇게 보면 반려동물에게 한 종류의 사료만 먹이는 것은 현명하지 않다고 생각할 수 있다.

여기서 문제는 바구니의 숫자가 아니고 바구니 자체의 '안전성'이다. 여러 개의 달걀을 담기에 믿을 수 없는 바구니를 사용하는 것보다 하나의 믿을 수 있는 든든한 바구니를 선택하는 것이 더 좋지 않을까? 마찬가지로 사료도 믿을 수 있는 사료 하나를 선택해서 계속 먹이는 것이 좋다. 믿을 수 있는 몇 개의 사료를 찾아 바꾸면서 먹이는 것이 가장 좋지만, 사료들의 안전성이 충분히 확인되지 않았다면 여러 개의 사료를 먹이는 것은 안전하지 않다. 사료 선택에 있어서 가장 중요한 것은 안전이라는 점을 기억해야 한다.

음식이나 사료를 바꾸려면

사람들은 매일 다른 음식을 먹지만, 평소엔 괜찮다가 가끔 설사를 한다. 이유야 여러 가지가 있겠지만, 집에서 먹는 음식이 깨끗하지 않아서라기보다는 몇몇 음식에 몸이 적응하지 못할 때 설사를 하곤 한다. 날마다 기름기가 적은 음식을 먹다가 갑자기 기름기 가득한 음식, 특히 중국요리를 먹게 되면 가벼운 설사가 일어날 수 있다. 평소에는 소화기관에서 지방을 소화할 수 있는 효소를 조금만 분비해도 되는데, 갑자기 많은 양의 기름이 몸에 들어오면 소화효소뿐 아니라 위와 장이 많은 양의 지방을 다 소화하지 못해 그대로 분변이 되어 설사를 하게 되는 것이다.

날마다 비슷한 음식이나 사료를 먹는 반려동물의 경우 이런 문제가 더 심각하게 일어날 수 있다. 음식이나 사료를 갑자기 한 번에 바꾸면 설사나 구토 증상이 나타날 수 있다. 특히 장기간 한 사료만 먹고 있는 경우 몸은 그 사료를 소화·흡수할 수 있는 환경 위주로 준비되어 있는데, 갑자기 다른 사료로 바꾸면 몸이 미처 준비하지 못해 소화 문제가 일어난다. 그래서 음식이나 사료를 바꾸려면 조금씩 천천히 바꿔야 한다.

A 사료에서 B 사료로 바꿀 때 어떻게 바꿔야 하는지 설명해보겠다. 첫째 날은 A 사료 80%에 B 사료 20%를 섞어 반려동물에게 먹여본다. 한 번 먹였을 때 문제가 없을 경우 저녁에는 A 사료 90%에 B 사료 10%를 섞어 먹인다. 둘째 날은 A 사료 60%에 B 사료 40%를 섞어 먹여보는

데, 이상이 생기면 다시 첫째 날처럼 먹인다. 이상이 없다면 셋째 날은 A 사료 40%에 B 사료 60%를 섞어 제공하고, 문제가 생기면 다시 둘째 날 함량으로 돌아간다. 이상이 없다면 넷째 날은 A 사료 20%에 B 사료 80%를 섞어 먹이고, 이상이 있으면 셋째 날처럼 먹인다. 이상이 없다면 다섯째 날은 B 사료만 100% 먹인다. 이때도 문제가 생기면 넷째 날처럼 먹이면 된다.

사료 바꾸는 순서

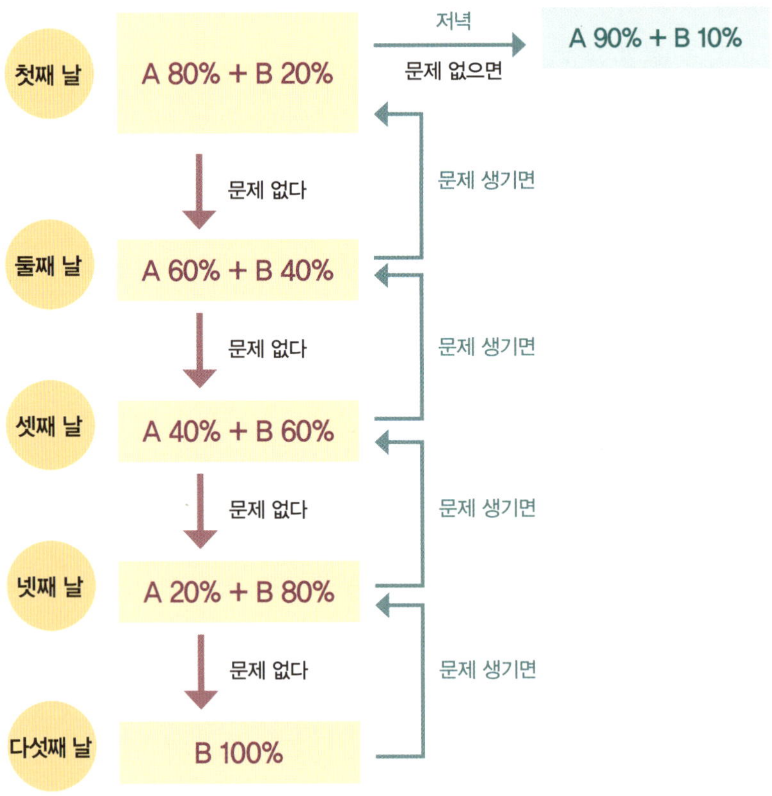

반드시 기억해야 할 점은 소화하는데 문제가 생기면 구토, 연변, 설사 등 어떤 증상이 나타나더라도 바로 전 단계로 돌아가야 한다. 이런 과정을 통해 반려동물의 소화기관은 새로운 음식에 적응할 수 있다. 몸이 건강한 반려동물의 경우 사료를 바로 바꿔도 문제가 없겠지만, 몸이 약하거나 나이가 든 반려동물은 특히 신경 써야 한다.

이런 방식으로 음식을 바꿔도 계속 소화 문제가 발생하는 반려동물이 가끔 있다. 그럴 경우 새로운 음식이나 사료로 바꾸지 않는 것이 더 좋다. 원래 먹고 있는 음식이 반려동물의 건강 상태나 기호성이 맞으면 굳이 바꾸지 않아도 된다.

새로운 음식을 먹이려면

반려동물에게 새로운 음식이나 사료를 주는 것은 쉬운 일이 아니므로 아래의 두 가지 사항을 반드시 확인해야 한다.

1. 독성 여부

과일과 채소를 먹일 때는 식재료에 독성이 들어 있는지 반드시 확인해야 한다. 독성을 함유한 대표적인 식재료는 양파, 초콜릿, 아보카도 등이다. 건강기능식품이나 영양 보충제를 줄 때도 반려동물에게 독이 될지,

안될지를 확인해야 한다. 특히 사람의 몸에 좋다고 알려진 건강기능식품은 더 신경 써야 한다. 사람의 몸에는 좋을지라도 반려동물에겐 독이 될 수 있다.

2. 안전 용량

대부분 식품의 안전을 검사할 때 쥐를 많이 사용한다. 독성 증상이 나타나지 않는 농도(최대 무독성 용량)를 가지고 안전계수를 계산해 사람에게 안전한 최대치(일일 섭취 허용량)를 정한다. 안전계수는 대부분 1/100로 사용한다. 그 이유는 동물과 사람 간의 종간 차이를 고려해 허용량을 1/10로 줄이고, 또 사람과 사람 간의 개인 차이까지 고려해 다시 1/10로 줄이는 것이다.

반려동물의 섭취 허용량은 직접 반려동물을 대상으로 연구해야 정확히 알 수 있다. 그렇지 못할 경우 반려동물에게 줄 수 있는 일일 섭취 허용량은 사람과 비례해 같을 수밖에 없다. 예를 들어 어떤 음식 성분을 쥐를 사용해 연구한 결과, 최대 무독성 용량이 1kg 체중에서 5g으로 나오면 사람에게 안전한 용량은 1kg 체중당 0.05g(5/100, 100 = 안전계수)이다. 실험할 수 없는 개나 고양이의 경우 쥐와 반려동물의 종간 차이는 쥐와 사람 간의 종간 차이에서 사용하는 계수를 사용할 수밖에 없다. 즉 반려동물도 1kg 체중당 0.05g이다.

문제는 동물 간의 유전자 차이가 10배보다 더 높으면 안전계수를 더 높게 계산해야 하지만, 얼마를 사용해야 정확한지 알 방법이 없다. 가장 안전한 방법은 바로 그 동물을 사용하여 직접 연구하는 것이지만, 요즘 동물 윤리가 강화되면서 반려견이나 반려묘로 직접 연구할 수 없기 때문에 반려동물의 정확한 안전량을 알기는 어렵다.

따라서 새로운 음식이나 사료를 줄 때는 포장에 적힌 권장량을 반드시 지켜야 한다. 사람이 먹는 음식을 줄 때는 사람이 먹어도 되는 양을 기준으로 반려동물의 체중을 비교하면서 주는 것이 좋다. 안전의 위험 가능성이 있는 음식이라면 사람이 먹는 양에서 다시 50%를 감량하는 것이 좋다. 먹였을 때 몸 상태에 전혀 문제가 없으면 조금씩 늘리거나 그 용량을 유지하는 것도 괜찮다. 먹이고 나서 몸에 이상 증세가 나타나면 바로 멈추고 병원에 가서 검사를 받아야 한다. 특히 사람이 먹는 영양 보충제는 대부분 고농도의 추출물이 함유되어 있기 때문에 반려동물에겐 주지 말고, 일반 음식만 먹이는 것이 좋다.

사료
성분
바로
읽기

부록 1

모든 성분은 존재의 의미가 있다

"사료에는 쓸데없는 재료들이 왜 이렇게 많이 들어 있는 거죠? 우리가 알 만한 몇 가지만 들어가면 안 되나요? L-라이신(L-lysine), 대두밀런(Soybean Mill Run), 피리독신 염산염(Pyridoxine Hydrochloride) 등 낯설고 어려운 이름의 재료들이 많아서 뭐가 뭔지 하나도 모르겠고 이해도 안 돼요. 아이의 건강에 도움이 되는 건지도 모르겠어요."

반려동물을 키우는 보호자들은 사료에 들어가는 많은 재료에 불만을 토로한다. 사실 사료의 성분 표시는 사람을 당황하게 만든다. 보기에는 사람이 먹지 못하는 성분처럼 보이는데, 반려동물이 먹어도 될까? 혹시 사료의 제조 원가를 낮추기 위해 일부러 이런 이상한 재료들을 사용하는 건 아닐까? 의문투성이다. 지금부터 이 낯선 이름의 성분들이 무엇인지 한 번 살펴보자.

재료 표기 순서는 중요하지 않다

사람이 먹는 식품이나 반려동물 식품은 성분을 표시할 때 모두 표시법에 따라 첨가된 원료의 중량이 많은 순서로 나열해야 한다. 대부분의 나라에서는 2% 이상 함유된 성분을 많이 함유된 순서에 따라 기재하도록 법으로 정하고 있다. 그러나 2% 이하의 성분은 표시하지 않는 나라도 있고, 모든 성분을 표시하도록 규정하는 나라도 있다.

사실 많은 보호자들이 재료 표기 순서가 제조 첨가량을 기준으로 한 것임을 알고 원료가 기입된 순서에 신경을 쓴다. 하지만 재료의 순서보다 중요한 건 영양소가 얼마나 균형 있게 들어가 있는지 확인하는 것이다.

사료회사는 '닭고기, 소고기, 돼지고기' 등 수분이 함유된 원재료를 구입해 사료의 재료로 사용하는데, 원료에 수분이 많이 함유되어 있을 경우 표기 순서가 앞으로 갈 수 있다. 하지만 사료 제조 시 모든 재료들은 건조한 후 분말 형태로 들어간다. 즉 원래의 중량은 의미가 없어진다. 따라서 재료의 표기 순서에 연연하기보다는 최종적으로 만들어진 제품의 영양소가 제대로 균형을 이루는지에 관심을 더 기울여야 한다.

사료회사 입장에서는 원료를 하나 추가할 때마다 그 원료의 단가가 아무리 싸다 하더라도 원가가 한 번 더 오르는 것을 의미한다. 따라서 아무 의미 없는 성분을 넣어 '성분 표기를 채우는 행위'는 정상적인 사료회사에서는 불가능하다. 재료마다 나름 존재의 의미가 있음을 의심하지 말자.

사료 포장지에 들어가는 성분 표기

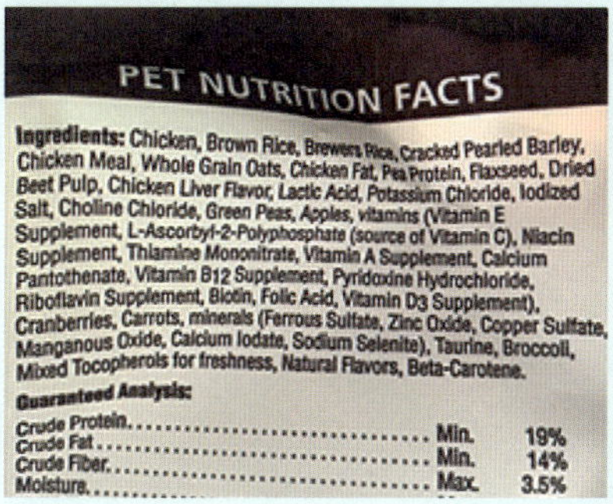
PET NUTRITION FACTS
Ingredients: Chicken, Brown Rice, Brewers Rice, Cracked Pearled Barley, Chicken Meal, Whole Grain Oats, Chicken Fat, Pea Protein, Flaxseed, Dried Beet Pulp, Chicken Liver Flavor, Lactic Acid, Potassium Chloride, Iodized Salt, Choline Chloride, Green Peas, Apples, vitamins (Vitamin E Supplement, L-Ascorbyl-2-Polyphosphate (source of Vitamin C), Niacin Supplement, Thiamine Mononitrate, Vitamin A Supplement, Calcium Pantothenate, Vitamin B12 Supplement, Pyridoxine Hydrochloride, Riboflavin Supplement, Biotin, Folic Acid, Vitamin D3 Supplement), Cranberries, Carrots, minerals (Ferrous Sulfate, Zinc Oxide, Copper Sulfate, Manganous Oxide, Calcium Iodate, Sodium Selenite), Taurine, Broccoli, Mixed Tocopherols for freshness, Natural Flavors, Beta-Carotene.
Guaranteed Analysis:
Crude Protein .... Min. 19%
Crude Fat .... Min. 14%
Crude Fiber .... Min. 3.5%
Moisture .... Max.

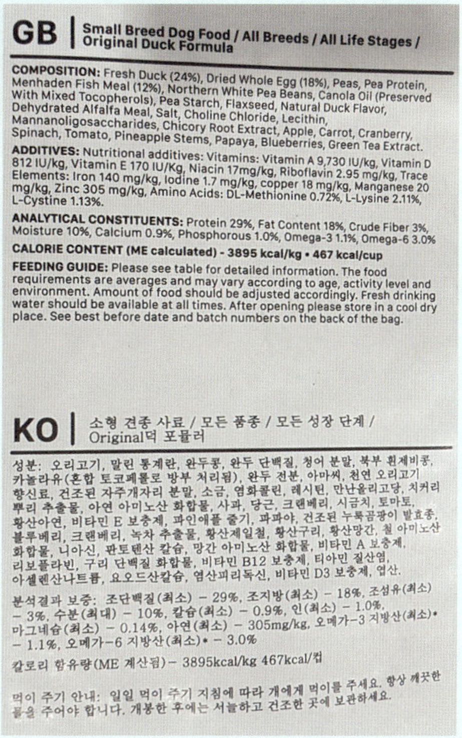
GB | Small Breed Dog Food / All Breeds / All Life Stages / Original Duck Formula
COMPOSITION: Fresh Duck (24%), Dried Whole Egg (18%), Peas, Pea Protein, Menhaden Fish Meal (12%), Northern White Pea Beans, Canola Oil (Preserved With Mixed Tocopherols), Pea Starch, Flaxseed, Natural Duck Flavor, Dehydrated Alfalfa Meal, Salt, Choline Chloride, Lecithin, Mannanoligosaccharides, Chicory Root Extract, Apple, Carrot, Cranberry, Spinach, Tomato, Pineapple Stems, Papaya, Blueberries, Green Tea Extract.
ADDITIVES: Nutritional additives: Vitamins: Vitamin A 9,730 IU/kg, Vitamin D 812 IU/kg, Vitamin E 170 IU/Kg, Niacin 17mg/kg, Riboflavin 2.95 mg/kg, Trace Elements: Iron 140 mg/kg, Iodine 1.7 mg/kg, copper 18 mg/kg, Manganese 20 mg/kg, Zinc 305 mg/kg, Amino Acids: DL-Methionine 0.72%, L-Lysine 2.11%, L-Cystine 1.13%.
ANALYTICAL CONSTITUENTS: Protein 29%, Fat Content 18%, Crude Fiber 3%, Moisture 10%, Calcium 0.9%, Phosphorous 1.0%, Omega-3 1.1%, Omega-6 3.0%
CALORIE CONTENT (ME calculated) - 3895 kcal/kg • 467 kcal/cup
FEEDING GUIDE: Please see table for detailed information. The food requirements are averages and may vary according to age, activity level and environment. Amount of food should be adjusted accordingly. Fresh drinking water should be available at all times. After opening please store in a cool dry place. See best before date and batch numbers on the back of the bag.
KO | 소형 견종 사료 / 모든 품종 / 모든 성장 단계 / Original덕 포뮬러
성분: 오리고기, 말린 통계란, 완두콩, 완두 단백질, 청어 분말, 북부 흰제비콩, 카놀라유(혼합 토코페롤로 방부 처리됨), 완두 전분, 아마씨, 천연 오리고기 향신료, 건조된 자주개자리 분말, 소금, 염화콜린, 레시틴, 만난올리고당, 치커리 뿌리 추출물, 아연 아미노산 화합물, 사과, 당근, 크랜베리, 시금치, 토마토, 황산아연, 비타민 E 보충제, 파인애플 줄기, 파파야, 건조된 누룩곰팡이 발효종, 블루베리, 크랜베리, 녹차 추출물, 황산제일철, 황산구리, 황산망간, 철 아미노산 화합물, 니아신, 판토텐산 칼슘, 망간 아미노산 화합물, 비타민 A 보충제, 리보플라빈, 구리 단백질 화합물, 비타민 B12 보충제, 티아민 질산염, 아셀렌산나트륨, 요오드산칼슘, 염산피리독신, 비타민 D3 보충제, 엽산.
분석결과 보증: 조단백질(최소) – 29%, 조지방(최소) – 18%, 조섬유(최소) – 3%, 수분(최대) – 10%, 칼슘(최소) – 0.9%, 인(최소) – 1.0%, 마그네슘(최소) – 0.14%, 아연(최소) – 305mg/kg, 오메가-3 지방산(최소)• – 1.1%, 오메가-6 지방산(최소)• – 3.0%
칼로리 함유량(ME 계산됨)– 3895kcal/kg 467kcal/컵
먹이 주기 안내: 일일 먹이 주기 지침에 따라 개에게 먹이를 주세요. 항상 깨끗한 물을 주어야 합니다. 개봉한 후에는 서늘하고 건조한 곳에 보관하세요.

기초 영양 성분과 기능성 성분

사료 성분을 기능적으로 분류하면, 기초 영양 성분과 기능성 성분 두 가지로 크게 나눌 수 있다. 기초 영양 성분은 다시 일반 식재료와 영양 보충 성분으로 세분화된다. 기능성 성분은 네 가지 유형으로 나뉜다. 질병 예방과 치료용 성분, 맛을 증진시키는 성분, 보존 기간을 연장시키는 보존제(방부제) 그리고 기타 성분(사료의 점착력을 증가시키는 성분 등)이다.

1. 일반 식재료

식품의 원형으로, 우리가 일반적으로 먹는 달걀, 닭고기, 양고기, 사과, 옥수수, 브로콜리, 돼지기름 등이다. 식재료마다 함유된 영양소는 다르다. 달걀이나 육류는 단백질 성분이 많고, 사과나 브로콜리는 섬유소와 비타민이 많으며, 돼지기름은 지방을 다량 함유하고 있다. 이러한 식품에는 장점과 단점이 함께 공존한다.

예를 들어 완벽한 식재료의 대명사인 '달걀'은 영양소가 매우 풍부한 완전식품으로 여겨진다. 17가지 아미노산을 함유하고 있는데, 사람의 인체에 매우 적합한 아미노산의 비율을 포함하고 있다. 또한 섬유소와 미네랄도 풍부하다. 그러나 달걀도 단점이 있다. 노른자에는 인 성분이 매우 많은 반면 특정 섬유소나 비타민 C가 없다. 비타민 B_3(Niacin, 나이

5대 영양소와 물

생명이 살아가려면 음식을 통해 5가지 영양소와 물을 섭취해야 한다. 5가지 영양소는 단백질, 탄수화물, 지방, 비타민, 미네랄이다. 그중에서 탄수화물, 지방, 단백질은 우리 몸에서 에너지를 내는 데 필요하며, 이러한 영양소가 에너지를 만드는 데에는 비타민과 미네랄이 필요하다.

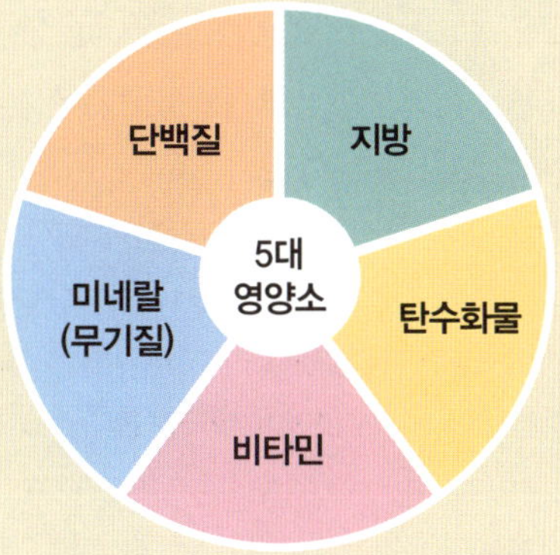

신)와 비타민 K 함량도 매우 적다. 이처럼 달걀이 완벽한 식품에 가깝기는 하지만, 달걀만 먹어서는 살아갈 수 없다.

통상 일반 식재료는 기본적인 3대 영양소인 단백질, 지방, 탄수화물을 공급한다. 하지만 식재료마다 함유하고 있는 영양소의 종류와 비율이 다르기 때문에 필요한 영양소를 따져가며 섭취해야 건강을 유지할 수 있다.

2. 영양 보충 성분

절대 부족하면 안 되는 영양소다. 고양이의 경우 필수 영양소인 아미노산과 지방산, 비타민과 미네랄을 포함해 45가지의 영양소가 필요하며 개는 44가지의 영양소가 필요하다. 사료회사는 사료를 제조하기 위해 식품 원료를 구입할 때 이 영양소들을 반드시 염두에 두고 구입하며, 어떤 영양소가 부족한지 계산을 통해 필요한 양만큼 더 첨가해 사료의 영양 균형을 맞춘다. 아래에 기재된 영양 보충 성분을 참고하여 직접 사료 포장지에 표기된 영양 보충 성분을 확인해보도록 하자.

사료 포장지에 흔히 등장하는 비타민

- Thiamine 티아민, 일명 비타민 B_1
- Niacin 나이아신, 아세트산, 일명 비타민 B_3
- Pyridoxine Hydrochloride 피리독신 염산염, 일명 비타민 B_6
- Calcium Pantothenate 판토텐산칼슘, 일명 비타민 B_5
- Riboflavin 리보플라빈, 비타민 B_2
- L-Ascorbyl-2-Polyphosphate Ascorbic acid(아스코르빈산), 일명 비타민 C
- Biotin 비오틴, 일명 비타민 H, 비타민 B_7

필수 아미노산은 일반적인 식재료만 섭취할 경우 부족하기 때문에 사료회사들은 주원료가 되는 식재료를 분석하고 계산한 뒤 부족한 아미노산을 찾아 첨가하는 경우가 많다.

사료 포장지에서 자주 볼 수 있는 필수 아미노산

L-Lysine(리신, 엘라이신), L-Leucine(L-류신, 펩신), L-Arginine(L-아르기닌, 아르기닌), L-Tryptophan(L-트립토판), Taurine(타우린)

비타민 외에 미네랄도 필수 영양소다. 대부분 성분 명칭에는 '미네랄'이라는 성분이 들어 있어 직접 확인할 때에도 쉽게 구분할 수 있다. 기본적으로 식재료에 부족한 미네랄 성분을 보충하기 위한 것들이다.

3. 질병 예방과 치료용 성분

우리가 평소 건강 증진을 위해 섭취하는 건강기능식품과 같은 성분이다. 노화, 비만, 암, 결석, 췌장염 등 질병을 예방하거나 질환 치료에 도움을 주기 위해 첨가한다. 이 중 일부는 수의사들이 처방전에 넣는 성분으로, 치료보다는 예방을 돕는 수준으로 안전한 범위 내에서 사료에 첨가한다.

이런 기능성 원료는 화학물질일 수도 있고 식품의 원형일 수도 있다. 오메가3가 많이 함유되어 있어 노화, 암 등을 예방하거나 이유를 잘 모르는 염증 반응의 억제를 돕는 생선 기름과 아마씨가 이에 속한다. 면역력을 높이는 것으로 알려진 홍삼도 기능성 원료다. 베리류, 브로콜리, 양배추 등 십자화과 채소 식재료도 기능성 원료로, 항산화 성분이 많이 함유되어 있어 노화를 방지하거나 항암 효과를 기대할 수 있다.

그러나 대부분 쉽게 이해하기 어려운 화학구조의 이름을 가져 무섭게 느껴진다. 예를 들어 L-Carnitine, Potassium Citrate 등이 그것이다. 엘 카르니틴(L-Carnitine)은 원래 건강한 몸에 있는 성분으로, 주요 기능은 몸속에 있는 지방산을 운반해 대사할 수 있도록 돕는다. 문제는 비만해지거나 나이가 들면 몸속의 엘 카르니틴이 점차 줄어든다. 그래서 건강한 상태를 유지하기 위해 다이어트용 사료나 노년용 사료 속에 엘 카르니틴을 자주 첨가한다. 구연산칼륨(Potassium Citrate), 구연산나트륨(Sodium Citrate) 등 방부제로 사용하고 있는 성분들은 결석을 예방할 수 있는 효과가 있어 수의사들이 신장 결석이 있는 반려동물 환자에게 처방하는 성분이다. 신장 결석은 수술로 제거할 수 없기 때문에 음식이나 약물로 관리할 수밖에 없다. 이중 구연산칼륨은 특히 칼슘이 함유된 결석을 치료하는 데 매우 효과적이다.

반면 일부 성분들은 비록 직접적으로 질병 관리에 효과적이진 않지만, 영양 성분을 조정하는 역할을 한다. 대표적으로 옥수수 글루텐밀(Corn Gluten Meal)과 대두밀(Soybean Meal) 같은 인 함량이 아주 적은 단백질이다.

많은 보호자들은 옥수수 글루텐밀과 대두밀이 소화가 잘 되지 않고 알레르기를 일으킬 수 있다고 생각한다. 그러나 오해와 다르게 이들은 많은 필수 아미노산을 함유하고 있어 반려동물에게 아주 좋은 재료다. 옥수수 글루텐밀은 단백질 제공원으로써 소화가 아주 잘 된다. 특히 고양이에게 기호성이 아주 좋으며, 인의 함량이 다른 단백질 원료보다 훨씬 더 적기 때문에 신장질환자, 결석 환자 등 인 섭취를 제한해야 하는 반려동물에게 아주 좋은 식재료다. 대두밀은 대두유를 제거한 후 남은 성분이지만, 필수 아미노산이 많이 들어 있어 닭고기와 견줄 만한 단백질 공급원이다. 하지만 닭고기에 비해 인 함량이 훨씬 낮아 신장 처방사료로 흔히 사용한다. 사실 옥수수 글루텐밀과 대두밀은 식품의 부산물이기 때문에 식재료로 매우 형편없다고 생각하기 쉽지만, 영양을 충분히 공급하고 질병을 예방하는 기능을 하기 때문에 중요한 원료라고 할 수 있다. 단, 이러한 식재료들은 깨끗하고 위생적이어야 사료에 사용할 수 있다.

4. 맛(기호성)을 높여주는 성분

대부분의 사료회사들은 자신들만의 기호성을 높이는 성분을 비밀리에 갖고 있다. 일반적으로 반려동물이 가장 좋아하는 식재료는 동물의 내장, 특히 동물의 간인데 이 유혹을 참아낼 수 있는 반려동물은 그리 많지 않다. 그래서 많은 사료회사들이 간을 사료에 넣어 맛을 좋게 한다. 하지만 간에 함유된 비타민 A가 과도하게 들어갈 수 있어 사료회사들은 동물의 간을 추출해 그것으로 간의 맛을 내는 조미료를 제조했다. 그리고 그것을 영문으로 'Liver Flavor'라고 표기한다.

간 이외에도 사료회사들은 양의 차이는 있지만, 입맛을 돋우는 재료를 첨가한다. 이러한 재료들은 우리가 먹는 조미료(MSG)와 같은 역할을 하기 때문에 안전한 관리 범위 안에서 첨가하고 있다.

사료의 맛을 좋게 하는 식품첨가물만을 전문적으로 개발하는 기업도 다수 있다. 일부 대형 사료회사들은 입맛을 좋게 하는 성분을 직접 연구·개발해 사용하고 있으며, 'Natural Flavor'라는 성분으로 표시한다.

수많은 반려인들은 이런 천연 조미료가 MSG만큼 위험하다고 생각해 많은 의문을 품는다. 하지만 내가 강조하고 싶은 것은 어떠한 식품첨가물이든 FDA의 공인 안전인증(Generally Recognized as Safe, GRAS)을 받았거나 연구를 통해 안전이 증명되었다면 문제가 없다고 봐야 한다.

GRAS(미국식품의약국(FDA)의 식품첨가물에 대한 합격증)를 받은 식품첨가물보다 우리가 안전하다고 믿는 자연의 식재료가 더 위험할 수 있다. 사실 자연 식재료에 대한 충분한 연구가 없으면 안전한지에 대해 전혀 알 수 없다. 예를 들어 양파의 경우 충분한 연구를 거쳤기 때문에 안전한 사용량을 알 수 있으나 반려동물에게는 얼마나 치명적인 것인지 알 수 없는 것처럼, 자연 식재료라고 하여 무조건 다 안전하다고 생각하면 안 된다. 안전성 연구를 거친 식품이 오히려 안전하고 믿을 수 있는 식재료다.

5. 보존용 성분

흔히 방부제라고 부르는 성분으로, 두 가지 종류로 나뉜다. 하나는 곰팡이의 성장을 막아주는 '곰팡이 억제제', 또 다른 하나는 식품이 공기와 접촉해 산화되는 것을 예방하는 '항산화제'다.

억울한 누명을 쓰고 있는 첨가물

많은 사람들이 첨가물에 대해 오해한다. MSG가 건강에 굉장히 좋지 않다고 생각하는데 이는 대단히 큰 오해다.

MSG는 Monosodium Glutamate(글루탐산모노나트륨)의 약자로, 아미노산인 글루탐산과 나트륨이 결합된 화학구조다. 글루탐산은 아미노산으로 단백질의 기초 성분이고, 나트륨은 식염(염화나트륨) 성분이다. MSG가 가지고 있는 단순한 화학구조를 아무리 봐도 건강에 나쁘지 않지만, 한 사건으로 인해 나쁜 식재료의 아이콘이 되었다.

1968년 미국의 화교 출신 의사 곽문호(Ho Man Kwok)는 〈뉴잉글랜드 의학 잡지〉에 짧은 글을 발표했다. 자신이 중국 식당에서 밥을 먹은 후 갑자기 사지가 마비되고 온몸에 힘이 없으며, 두통 증상이 생겼다는 내용이었다. 그는 음식 안에 있는 MSG 때문에 이 증세가 발생했다고 추측했다. 이 글은 단지 한 사람의 의견에 불과했지만, 이후 미국에서는 MSG 불매운동이 벌어졌고 심지어 MSG를 먹은 후의 증상을 '중국음식증후군(Chinese Restaurant Syndrome)'이라고 부르게 되었다. 하지만 여러 차례의 실험 결과, 자연산 식품에도 MSG가 함유되어 있으며 인체에 유해하다는 증거가 없다는 사실이 확인됐다. 그 후 유엔식량기구와 세계보건기구(WHO)는 성인용 MSG의 양 제한을 모두 없앴다. 한 의사의 개인적 경험 때문에 아미노산과 나트륨만 있는 단순하고 맛있는 조미료가 몇십 년간 억울한 누명을 썼던 것이다.

통조림은 밀봉한 뒤 살균하기 때문에 방부제를 넣지 않는 것이 일반적이다. 반면 건사료는 제조 후 장기 보존이 필요하기 때문에 방부제를 추가한다.

사료에 흔히 사용하는 곰팡이 억제제는 벤조산(Benzoic Acid), 프로필렌글리콜(Propylene Glycol, PG), 젖산(Lactic Acid), 소르빈산(Sorbic Acid) 등이다. 프로필렌글리콜은 고양이의 적혈구를 파괴할 수 있기 때문에 고양이 사료에 넣어서는 안 된다. 한국에서 문제가 있다고 거론되는 소르빈산은 원래 자연 식재료에 함유되어 있는데, 사료에 넣는 소르빈산은 자연 식재료에서 유래할 수도 있고 인공 화학합성물을 첨가한 것일 수도 있다. 사료에 주로 넣는 항산화제는 부틸 하이드록시 아니솔(BHA), 부틸 하드록시 톨루엔(BHT), 에톡시퀸(Ethoxyquin) 등 화학적으로 합성한 성분과 베타카로틴, 구연산, 비타민 E, 녹차 추출물, 로즈메리 추출물 등 다양한 천연계에 존재하는 항산화제 성분이다. (더 자세한 내용은 p127 참조)

6. 기타 성분

건사료를 제조할 때 알갱이 모양을 유지하기 위해서는 탄수화물이 필요하다. 뿐만 아니라 알갱이가 부스러지지 않도록 하기 위해서는 밀 글루텐(Wheat Gluten) 등의 재료도 필요하다. 구아검(Guar Gun)은 통조림에 흔히 사용하는 성분으로, 식품증점제에 속하며 통조림의 내용물을 끈적한 젤리 같은 형태를 만들어주어 안전성을 강화해준다. 사람이 먹는 아이스크림, 샐러드 소스에도 많이 사용된다. 수용성 섬유소가 다량 함유되어 있어 변비 예방, 혈당 안정 유지 등의 효과도 볼 수 있다.

반려동물에게 해로운 음식

부록 2

개와 고양이에게 해로운 음식

음식	독성 있는 물질	독성 원리	증상	비교
양파, 마늘 (날 것, 익힌 것, 분말 모두 포함)	치오설페이트 (Thiosulphate)	적혈구 파괴	빈혈, 쇠약, 호흡 곤란	개, 고양이 모두에게 적은 양도 문제가 될 수 있음
포도, 건포도		신부전	섭취 12시간 이내에 구토, 설사 또는 혼수상태 등의 증상이 나타남. 개는 점점 무기력해지고 탈수, 식욕 부진이 나타남. 처음 단기간에 배뇨가 증가하다 점차 배뇨가 감소하거나 배뇨 불가. 신부전에 의한 죽음은 3~4일 내에 발생할 수도 있고, 급성 신부전에 걸려 살아남은 개들도 만성 신부전으로 이어질 수 있음	적은 양도 문제가 될 수 있음 정확한 원인을 연구하는 중
초콜릿, 커피, 차	카페인, 이뇨제, 테오브로민(Theobromine, 메틸잔틴이라는 화학물질에 속함)	중추 신경 및 심장 시스템을 자극	구토, 갈증, 복부 불편과 불안, 근육 경련, 불규칙한 심박, 고열, 발작, 심한 경우 수 시간 내에 사망할 수 있음	카카오 함량 높은 초콜릿이 더욱 위험(28g 초콜릿은 14kg 체중의 개를 죽일 수 있음)
자일리톨 껌 및 첨가물	자일리톨(Xylitol)	혈당 하강	침울, 신체 조절 기능 상실, 발작. 빨리 조치하지 않으면 죽을 수 있음	
육두구 (肉荳蔻, Nutmeg)	미리스티신(Myristicin) 기름 성분		마취 효과, 동공 확대, 비틀거림, 수면 상태, 호흡 저하 유발. 고양이가 1.9g/kg 복용 시 반 혼수상태, 간의 지방성 변이 초래(사람이 7.5g 복용 시 어지러움을 느끼고 심한 경우 혼수상태, 사망에 이름)	고양이 (0.5~1ml/kg) : 치사량 (0.12m/kg SC) : 간 변이

음식	독성 있는 물질	독성 원리	증상	비교
알코올 음료	개는 인간보다 에탄올에 훨씬 더 민감함		구토, 신체 조정 기능 상실, 방향 감각 상실 등 취한 증상이 있거나 혼수상태. 심할 경우 사망에 이를 수 있음	
빵 반죽	살아 있는 효모	반죽에 들어 있는 효모는 위의 따뜻하고 습한 환경에서 증식하기 좋기 때문에 위의 확장을 초래할 수 있음	복부 팽만, 신체 조절 기능 상실, 방향 감각 상실. 극단적인 경우 혼수상태나 발작이 발생할 수 있음. 알코올 중독이 발생하여 죽음으로 이어질 수 있음	
아보카도(과일 및 식물)	퍼신(Persin)	심장, 폐 및 기타 조직의 손상을 일으킬 수 있음	호흡 곤란, 복부 확장, 흉복부 또는 심막에 비정상적인 수분 정체와 같은 임상 증상 발생	개, 고양이, 조류, 토끼, 말 등에게 위험
	기름이 많음	위통, 구토, 췌장염을 일으킬 수 있음		
깨끗하지 않은 회	바이러스, 세균, 기생충		식욕을 저하시키거나 발작을 일으킬 수 있고, 일부의 경우 죽음까지 초래	생선회가 비타민 B_1 결핍을 초래할 가능성이 있음
덜 익은 토마토(과일, 식물)	토마틴(Tomatine)	콜린에스테라아제(cholinesterase inhibition)	호흡 곤란, 복통, 구토, 설사 또는 변비, 침을 흘리고, 동공 확장, 마비, 심장 질환, 중추 신경계 증상(예를 들어 운동 장애, 근육 약화, 떨림, 발작), 혼수상태 및 사망	잘 익은 토마토에는 양이 적음
	아트로핀(Atro pine)		동공 확장, 떨림, 부정맥	아트로핀의 양 : 나뭇잎, 뿌리 → 덜 익은 토마토 → 익은 토마토

음식	독성 있는 물질	독성 원리	증상	비교
사과, 체리, 복숭아, 자두, 살구 등 과일의 씨	시안화물(Ccyanide)	inhibition of cytochrome c-oxidase	동공 확장, 불안, 과환기, 쇼크, 구토, 헐떡거림, 무호흡 빈맥, 부정맥, 혼수, 피부 자극 등	몇 가지는 문제를 일으키지 않을 수도 있지만, 주기적으로 섭취할 경우 축적이 되어 영향을 끼침
과량의 소금		전해질 불균형을 유발. 땀의 배출이 적어져 체액의 배출 장애로 인한 심장 비대나 신부전 초래	짠 음식을 과다 섭취 시 음수량이 증가해서 위 확장을 일으켜 사망할 수 있음	
기름기 많은 음식 (예를 들어 족발, 튀김류)	기름	췌장염, 대장염	구토, 설사	
동물의 간 (날 것, 익힌 것 과다 섭취 시)	비타민 A	비타민 A 중독	뼈의 기형, 팔꿈치와 척추 뼈의 과증식, 체중 감소, 그리고 식욕 저하를 초래	
독 버섯		여러 기관에 중독을 일으키는 성분이 있음	복통, 유연, 간 손상, 신장 손상, 구토, 설사, 경련, 혼수상태 또는 죽음을 초래	
감자 잎과 줄기(파란색 부분)	솔라닌	소화기, 신경계, 비뇨기계 등에 영향		
마카다미아(넛츠의 한 종류)		알려지지 않음	뒷다리 쇠약, 통증, 근육 떨림과 마비(최대 48시간 지속), 체온 증가	
상한 음식	곰팡이 독소 (Tremorgenic Mycotoxins)		구토, 떨림, 침울, 신체 조정 기능 상실, 무기력, 식욕 부진, 황달, 심한 경우 사망	

음식	독성 있는 물질	독성 원리	증상	비교
커다란 야채	전체 또는 큰 조각		소화가 잘 되지 않아 많이 섭취하는 경우 장 폐색을 일으킬 수 있음	
뼈		장 폐색 또는 소화기관이 찢어질 수 있음		
날달걀의 흰자	아비딘(Avidin)	비타민 B의 흡수를 방해	탈모, 기력 저하, 성장 저하 또는 뼈의 기형을 초래	날달걀 노른자에는 충분한 양의 비오틴(Biotin)을 함유하고 있어 달걀 전체를 섭취 시 문제를 일으키지 않지만, 달걀 노른자에는 살모넬라균을 함유할 수 있기 때문에 달걀을 조리해야 함
과량의 곡물		다량 섭취 시 소화 불량		옥수수가 가장 위험
우유 또는 유제품	유당과 지방을 많이 함유함	유당 불내증과 과량의 지방이 설사의 원인이 되며, 알레르기를 유발할 수 있음. 지방이 많아 췌장염을 일으킬 수 있음	설사, 알레르기	적은 양의 무지방 일반 요거트는 대부분 안전함

▶고양이

음식	독성 있는 물질	독성 원리	증상	비교
생선	불포화 지방산 다량 함유 비타민 E 등 항산화제의 결핍	지질 과산화 및 지방 조직에서 세로이드(Ceroid) 색소의 침 황색지방병(Yellow Fat Disease, 지방 조직 염증)	민첩성을 잃고 움직이기 싫어함. 복부의 촉진을 싫어하고 심지어 가벼운 터치는 통증을 발생시킴. 체온이 올라가고 식욕부진이 일어날 수 있음	생선을 주식으로 줄 때만 일어남

위에서 언급하지 않은 음식도 사용할 때는 사람 대비 몸무게를 고려해서 줄 필요가 있다. 예를 들어 사람은 한 번에 호두 2개 이상은 권장하지 않는다(호두 한 알은 3.5g 정도). 이를 기준으로 계산하면 몸무게가 3kg인 개의 경우 1/10알 정도만 주는 것이 적당하다. 3kg의 개에게 호두 2개는 60kg의 사람이 41개의 호두를 먹는 것과 비슷하다. 견과류뿐만 아니라 모든 음식은 과하게 먹으면 독이 되므로 음식을 줄 때 반려동물의 몸무게를 꼭 고려하길 바란다.